I0557355

حكايات عن الحب والسفر

انجي فوده

4

المقدمة

هل تحلم بالسفر؟ هل تحلم بالحب؟

لماذا تريد أن تسافر؟ هل لتغير واقعك، أم لتغير نفسك؟ هل تشعر أنك تصلح في هذه البلاد وتبحث عن مكان يناسبك تحت الشمس على الأرض؟

إلى أين تريد أن تسافر؟ هل تحب السفر حقاً؟ أي نوع سفر تحب: سفر الزمان أم سفر المكان، سفر القلب أم سفر الجسد؟ علما بأن عقلك بقلبك؛ فهما وجهان لكيان واحد سمِّه ما شئت لكني سأسميه كما سماه الله «القلب».

لماذا تحلم بالسفر؟ طالما سمعنا عن الفوائد السبع للسفر، هل تعلمها؟ لقد بحثت عنها كثيرًا ولكني فشلت أن أعرف ماهيتها حتى الآن! !

هل تعشق فيلم النمر الأسود؟ هل تحب أغنيات «اتقدم» و«بلدي» لداليدا و«يا بلادي»؟

هل تشعر أن بلدك لا يقدّرك إلا بعدما تُقدّر بالخارج؟ إذًا عليك السفر حتى يحترمك أهلك ويقدروك؟ هل عندك حلم أو فكرة أو مشروع طامح يريد أناسًا مثلك يحلمون لا محبطين؟

أتشعر أن عندك علمًا وإمكانات عقلية ونفسية لا يقدّرها من حولك؟ هل تشعر أن كثيرا ممن حولك ميتو القلب أو أغبياء فتريد أن تسافر لتبحث عن غيرهم ربما وجدت بهم حياة وذكاء وإرادة، أم تريد السفر للمعرفة والاكتشاف، لترى بعينيك عوالم أخرى وبشرا آخرين وحضارات أخرى

وتتفاعل معها بكيانك وروحك ونفسك وتضع أحلامك رهن إشارتها؟

هل تحلم أن تُحب وأن تجد من يحبك؟ هل تعتقد أن الحب أجمل ما بالوجود أو أنه سر الوجود نفسه، أم تحلم بالحب كطريق للسعادة؟ في الأفلام يعرضون الحب ومشاقه ولوعته وسعادته وأنت تريد أن تجرب كل ذلك.

في طيات هذا الكتاب سأحكي لك حكايات كثيرة عن الحب والسفر، كل حكايات السفر حكايات حقيقية واقعية، فقط سأحاول أن أصف لك الصور التي رأتها عيناي في كلمات لتعيش معي ما عشته، وفي نهاية الكتاب – إن شاء الله – سأقول لك عن فوائد السفر التي علَّمها لي العالم. أما الحب (ابتسامة) فسأحكي حكايات عنه، منها الحقيقي ومنها الخيالي ومنها ما هو خليط من الاثنين.

الخليط ما هو إلا حكايات علمت أجزاءَ منها وعشت بعض فقراتها مـع أبطالها وشعرت أنها تستحق أن تُحكى وخيالي أكمل الأجزاء الناقصة الـتي لم أعشها مع أبطال القصص الحقيقيين في الحياة. ليس كل قصص الحـب الـتي في هذا الكتاب عن العشق بين الرجل والمـرأة، الكـثير منهـا كـذلك، وقليـل منهـا يتحدث عن أنواع أخرى من الحب: حب الحلـم، حـب المكـان، حـب أمـومي، وحب الذات! !

نعم ليس كل حب الذات كما علمونا أنانية، ولكن منه مـا هـو احـترام للذات فتضعها في المكان اللائق بها، وإن لم تحب ذاتك فكيف تـسأل غـيرك أن يحبها؟!

6

منا من يحب فيضحي بنفسه من أجل من يحب ثم... دعني أكمل ما أعني في الحب وحب التملك في هذا الكتاب.

سأحكي لك عن أمستردام وباريس ونيويورك والقاهرة والقدس إن شاء الله..

سأحكي لك عن أحدب روكسي الذي تملَّك حبيبته ملك من أحلامها وتحكّم في منامها فملك يقظتها.

سأحكي لك عن سيدات بالملايين يعشن قصة واحدة منذ آلاف السنين وكيف قررت إحداهن أن تستبدل حب الآخرين بحبها لذاتها فملكت كليهما في كوب الكاكاو.

سأكمل بعض حكايات من سلسلة حكاياتنا مع أولاد العم في بلاد العم سام..

سأفضي ببعض الخواطر الشخصية عن آلام الغربة.

وغيره الكثير، أهمها مقالة عن: إن الله يحب وإن الله لا يحب وإن الله يكره، والمفاجأة التي وجدتها في القرآن الكريم مع البحث والتمحيص عن هذه الكلمات..

أرجو أن يتقبل الله..

إنجي

فرنسا بلد الجمال والعنصرية والابتذال

لقد زرت باريس لعدة أيام خلال شهر العسل، وطالما كنت أحلم بزيارة فرنسا، معقل الثقافة والحرية والأفكار والعطور والمكياج والفتيات اللاتي يشبهن الحوريات من بياضهن كأنهن التماثيل المرمر، وبلد كل الفنون والجنون.. أكثر ما كان مؤثرًا فيّ هو «قصة مدينتين» لتشارلز ديكنز وقصص الثورة الفرنسية..

كنت أتصور أنني سأجد الفتيات والفتية يجلسون بجوار نهر السين وكل يرتدي البالطو والكاسكيت المعروفين للرسامين ويضعون اللوحات ويبدعون ما يفوق الخيال..

ولكن كالعادة دائمًا الخيال أجمل من الواقع، انطباعي عن فرنسا الآن أنها فعلاً من أجمل ما رأيت بحياتي، بل خلابة، لكني وددت لو كانت مجرد أماكن بلا بشر؛ فالفرنسيون جعلوني أتأفف وأشمئز منهم في كثير من الأحيان وأشفق عليهم أحيانًا أخرى وأحتقرهم في الأغلب لعنصريتهم الشديدة وعصبيتهم الزائدة وازدواجية معاييرهم الفجة..

لنبدأ بالحكي عن الأماكن أولاً ثم البشر في النهاية؛ مثلا قصر فرساي من أجمل الأماكن التي زرتها بحياتي: فن ودقة وحرفة وجمال يروي العين، وحدائق تذكرك بوصف الجنة في القرآن.. ولكن حين تنظر لوظيفة كل غرفة،

9

خاصة جناح الملكة، تتعجب وتذكر أنـه هنـا كانـت تعـيش مـاري أنطوانيـت، جناحها في القصر يتكون من: حجرة للنوم، حجرة المكياج، حجرة للموسيقى، حجرة للرسم والنول وحجرة للشاي!!

فلا عجب أنه حـين يقـال لهـا الـشعب لا يجـد خبـزًا، تجيـب: ومـا المشكلة؟ ليأكلوا «جاتوه»!!

فهي لم تكن تفعل أي شيء سوى الاستمتاع بالحياة..

وأكثر ما أثار دهشتي ذلك القصر المصغر الذي بطـرف الحديقـة البعيـد عن القصر الأصـلي، ظننتـه في البدايـة للـضيوف أو للتأمـل واجتماعـات شـئون الدولة، لكني وجدت أنه كان فقط لسماع الموسـيقى وللملـك فقـط، لـيس للملكـة الحق في الوجود بهذا القصر الصغير سوى بسماح من الملك أو الإمبراطور.

وأكثر ما أثـار دهـشتي في هـذا القـصر هـو ممـر المرايـا الـذي أمـر بـه الإمبراطور.. فهذا هو المر الذي يربط جناح الملـك بالملكـة، وكـان الملـك يـشعر بالوحدة وهو يعبره من جناحـه لجناح الملكـة، فـأمر بكـساء حـوائط هـذا الممـر الطويـل بالمرايـا مـن الـسقف إلى الأرض، ليـشعر أن حولـه بـشرًا فـلا يـشعر بالوحشة.

ومن الطريف أني كنت لتوي قبل السفر قد اشتريت أثاثًا لشقة الزوجية الجديـدة وقـال لـي صـاحب الجـاليري إن الـصالون والـسفرة « Louis

Quinze»، أي على طراز العفش الذي كان يستخدمه الملك لويس الخامس عشر. فتوقعت عند زيارتي للقصر رؤية الطراز الأصلي الذي عليه تصميم الأثاث بخاصتي وأريه لزوجي وأننا اخترنا له أثاثًا كالذي كان يعيش عليه ملك من ملوك فرنسا في أزهى عصور الفن والجمال و... و... لكني لم أجد أي أثاث بالقصر سوى قليل القليل ومن عهد نابليون وليس أي من سلالة «لويس»!! وفوجئ زوجي، الذي زار قصر فرساي عدة مرات من قبلُ، بسؤالي عن الأثاث وعلى وجهي صدمة!! فوجدته لا يتمالك نفسه من الضحك عليَّ ويقول لي: «زرت هذا المكان الممل عدة مرات ولم يخطر ببالي قط مثل هذا السؤال، فكل ما يدور بخلدي أن هذا المكان عبرة لمن لا يعتبر وكل مرة أزوره أقول سبحان المعز المذل، ولكن حقًا يبدو أني سأعرف فرق التفكير بين عقل المرأة والرجل، مهما بدت المرأة مهتمة بالعلم والأشياء العملية فإن الاهتمام بالموضة والأثاث سيظل يجري بعروقها سريان الدم، على فكرة لن أنسى لكِ هذا الموقف أبدًا»، وفعلاً حتى الآن دائمًا يذكرني بصدمته فيَّ عند سؤالي مثل هذا السؤال!!

وعند نهاية زيارتي، وأعتقد زيارة أي شخص، لهذا القصر المنيف رغمًا عنه سيتذكر هذه الآية من سورة الأحقاف: «تُدَمِّرُ كُلَّ شَيْءٍ بِأَمْرِ رَبِّهَا فَأَصْبَحُوا لا يُرَى إِلا مَسَاكِنُهُمْ» صدق الله العظيم.

الكل يعرف برج إيفل ومتحف اللوفر، حيث صورة الموناليزا المدهشة، إنها حقًا عبقرية وتشعر في الحقيقة عند رؤيتها أنها ينقصها لسان لتنطق، في

الأغلب ستقول: «خيَلتوني، ابتعدوا عني وارحلوا ودعوني لشأني».

وشارع الشانزليزيه الشهير الذي يبدأ بقوس النصر – الذي أحبطت عند رؤيته – قوس النصر، قوس النصر، وما هو إلا بناية قصيرة أسمنتية مصمتة، لا شيء بداخلها ولا خارجها، وينتهي بالمسلة – نعم إحدى مسلات قدماء المصريين – ونافورة.

أعجبتني بكل تأكيد الكنائس الرائعة والمباني القديمة.

ومن الطريف أيضًا، الذي لن ينساه لي زوجي، أني سببت ضياع نصف يوم في البحث عن سجن الباستيل؛ فقد كنت متأثرة بشدة بـ«قصة مدينتين» لتشارلز ديكنز وأردت أن أذهب للخلية التي تم سجن الدكتور مانيت بها، وبعد البحث المضني وتتبع الخرائط، سألنا واحدة من المارين فأجابت: إنهم هدموا السجن عند الثورة وأقاموا نصبًا تذكاريًا بمكانه للتذكرة فقط بقيمة الحرية، وأقيم النصب التذكاري في وسط أكبر ميدان بالمدينة!! وبالطبع تجمدت أطرافي من الإحراج والخجل من زوجي الذي لم ينبس بكلمة ولكن ظلت شفتاه وأنفاسه تكتم ضحكة كدت أسمعها تجلجل في أذنيّ!! وكل كسفة شهر عسل وأنتم طيبين ومضت والحمد لله..

أكثر ما أحببت في فرنسا: الحدائق والنافورات.. وأكثر ما كرهت في فرنسا: مواعيد غلق المحلات؛ فبعد الخامسة لا تستطيع شراء لبن ولا ماء ولا توجد طريقة سوى المطاعم التي تغلق مبكرًا أيضا واليوم الأكثر إغلاقًا في الأسبوع

هو الأحد!! كل شيء مغلق بلا استثناء ما عدا البارات وبعض المطاعم القليلة والنوادي الليلية!!

فعلاً، عمار يا مصر، بلد مفتوح ٢٤ ساعة في اليوم، وونس وزحام بالشارع 24 ساعة ٧ أيام بالأسبوع..

طبعا حين ترى أنك رأيت تقريبًا كل معالم باريس في ثلاثة أو أربعة أيام على الأكثر، حينها تود لو أمسكت كل المسئولين عن السياحة والآثار بمصر وأضرمت بهم النيران جزاءً على غبائهم وجهلهم وتخلفهم، ولا مانع من ضم وزير الإعلام أيضًا؛ فالقاهرة (فقط) مستحيل أن ترى كل معالمها ولا في أسبوع، ولكن ماذا تقول عن الغباء؟!

أما البشر.. إممم.. فكيف أبدأ؟!

لنبدأ أولاً بالنساء اللاتي كنت أظنهن كالحوريات.. مبدئيًا صدمتني قلة البيض هناك؛ ففرنسا بجميع الأحوال ستتحول إلى بلد أفريقي في أوروبا في وقت قريب جدًا!!

لم أرَ خلال الأيام القليلة هناك امرأة واحدة دون مكياج كامل في أي وقت من اليوم، سواء جميلة أو دميمة، غنية أو فقيرة، بلا استثناء، على الرغم من أن ما أعلمه من الإعلام المصري العظيم وبرامج المرأة أن مكياج الصباح يجب أن يكون خفيفاً، وغير لافت، ومناسبًا لبيئة العمل ويختلف في المساء، لكن

13

يبدو أن الأمر مختلف في فرنسا.. كل من رأيت من نساء أشفقت عليهن!! تشعر في أعينهن بتوتر دائم وقلق مستمر ينعكسان في الحركات والإيماءات، أيادٍ ناعمة تدخن بشراهة وترتعش في الأغلب، بغض النظر عن السن!!

لم أرَ سيدة واحدة ترتدي مثل أخرى، كأن المصانع تصنع قطعًا وحيدة، ولكن في الوقت ذاته لم أرَ سيدة واحدة ترتدي ملابس مريحة!! بل أحيانا كنت أرى – وكنا في الصيف – من ترتدي ملابس على كتفيها فرو! والغالبية بالطبع عاريات، على الرغم من شعورهن الواضح وانزعاجهن بالبرد في الصباح الباكر أو المساء، ولكن هكذا تقتضي الأناقة والموضة.. لم أرَ واحدة تذهب للعمل في الصباح الباكر جدًّا وترتدي حذاءً رياضيًا أو مسطحًا، الكل يلبس كعبًا عاليًا، لدرجـة تجعلك تتعجب.. كيف لا تسقط؟!! وعلى الرغم من كل هذه البهرجة والأناقة، فإن الهم والتجاعيد تملأ الوجوه..

في أمريكا، الأمر مختلف تمامًا؛ فنادرًا ما ترى سيدة ترتدي ملابس ضيقة لدرجة تضيق أنفاسها، أو حذاءً بكعب مرتفع على هذا النحو في الأوقات العادية من اليوم.

الانطباع السائد أنه شعب يجب أن يذهب بالكامل للأطباء النفسيين للعلاج... شعب يسكر في وضح النهار يوميًا لمدة ساعتين كاملتين!! الجميع على المقاهي، الجميع يدخن، الجميع يسكر!!

أما عن شعور الاشمئزاز فصحيح أنني لم أرَ إعلانًا كبيرًا مبتذلاً يغطي بناية أو سورًا مثل هولندا، لكني - رغم أني رأيته في المجلات المنتشرة على الأكشاك - رأيته على الطبيعة!!

يجب أن تسير وعيناك على قدميك وتغض البصر وإلا.. ليس فقط غضبًا من الله ولكن في الدنيا.. وإلا قد يقبض عليك البوليس بتهمة النظر وانتهاك حرية الآخرين وتكون أنت المخطئ لأنك نظرت، وليسوا هم؛ فهم أحرار أن يتجردوا حتى من جميع ملابسهم في الشارع ولا تسأل لماذا فعلوا ذلك.. كل ما عليك فعله هو فعل أي شيء لا ينتهك حريتهم، ولا تسأل عن حريتك!!

حين تركب أي وسيلة موصلات تجدهم في الأغلب خليطًا من السكارى وأزواجًا يمارسون الحب وأشخاصًا يجلسون فرادى يقرأون بمنتهى التركيز كأنهم وحدهم تمامًا بالعالم ولا يشعرون بأي شخص من حولهم.. وبعد عدة أيام كنت أخاف من العدوى!! بالتأكيد كثير منهم مرضى من كثرة الاختلاط الحيواني على هذا النحو المقزز...

ولكن حتى السكارى يحملون كتبًا معهم، الكل يقرأ..

أذكر الآن قصة قيلت لي وأنا في الكلية تقول إن الفرنسيين اخترعوا وبرعوا في العطور من بُخلهم!! فهم لا يستحمون كثيرًا توفيرا للمياه ويستبدلونها بقطرات صغيرة من العطر!!

أنا لم أعِش هناك فترة تكفيني لأحكم على ذلك، لكني سمعت عن ذلك كثيرًا من أصدقائي الذين عاشوا وخالطوا فرنسيين.

بصفة عامة، حين تتعامل مع الفرنسيين بفرنسا لا تجدهم ودودين ولا يبتسمون، وتود لو تسألهم واحدًا واحدًا: «ما دمت تكره خدمة الآخرين وتشعر أنك أعلى منهم لماذا تعمل؟ ابحث لنفسك عن عمل آخر؟!».

كنت أظن أن ذلك ربما بسبب عنصريتهم الزائدة الواضحة في كل التعاملات، لكني ركزت في كيف يعاملون الزبائن الآخرين، وجدت نفس السحنة ونفس التكشيرة لا تتغير!!

الفرق الوحيد أنه ربما يساعد الآخرين على مضض ولكن بالتأكيد لن يساعدني وأنا محجبة إلا إذا كان مضطرًا لذلك أو إن هزأته أو عاملته بصلف أكثر مما عاملك به، عندها فقط يعلم حدوده ويقوم بعمله.

لقد سافرت على خطوط طيرانهم لسنوات طوال ولأميال كثيرة وأستطيع أن أقول إن «مصر للطيران» حقاً أفضل، ليس في التعامل فرق كبير، كلاهما يجب عليه تغيير طاقم المضيفات بالكامل وبلا استثناء، ومعذرة فالمضيفون الرجال على كلا الخطين أفضل كثيرًا، ولكن النظافة!! عجبت لأنني وجدت «مصر للطيران» في الرحلات الطويلة مثل نيويورك – القاهرة أنظف من الخطوط الفرنسية.

غير أن مطار شارل ديجول في غاية السوء وعليك أن تنزل بمكان وتأخذ أتوبيسات لتوصلك للبوابات الأخرى، وسائقوها في الأغلب غير محترفين بالمرة سوى في تعذيب الركاب وسلالم سلالم!!

حتى إني أذكر في مرة أنني طلبت من مضيفة على الخطوط الفرنسية بعض اللبن لابنتي، وجدتها أحضرت لي لبنًا لم أشك بصلاحيته ولكن ما إن شربته ابنتي حتى وجدتها في حالة سيئة جدًا، ووجدت اللبن بعد فترة وجيزة قد فصل فعلمت أن المضيفة إما مهملة وإما مجنونة!!

تعجبت كيف أن هذه الدولة المخوّخة من الداخل على هذا النحو أن تكون دولة من العالم الأول ونحن من العالم الثالث؟!

والآن دعونا من ذلك ولنتحدث عن ثاني أجمل شيء بفرنسا، ألا وهو الأكل، الأكل هناك عجيب غريب مهما أكلت لا تزيد في الوزن ولكن في جميع الأحوال لا تتفاءل بشدة، فالأكل سعره مرتفع وكميته صغيرة جدًّا ولكنها مشبعة.

الجميع يحمل معه تفاحًا، والأمهات يزدن الزبادي مع التفاح، الجميع رشيق رشيق جدًّا جدًّا حقًّا.

ولكني كنت أعشق مخبوزاتهم التي تُصنع بالشيكولاتة والآيس كريم والبيتزا والمأكولات البحرية والعصائر، ولم أذق بحياتي لبنًا بالشيكولاتة أطعم

مما شربت بفرنسا، لا أعلم ماذا يضعون به، لكنه حقا الأفضل على الإطلاق.. وعلى الرغم من كل ذلك تشعر أنك تفقد وزنًا ولا تزيد!

وفي النهاية، كانت لي ملحوظة غريبة، ألا وهي أنهم ليسوا مهتمين بذوي الاحتياجات الخاصة!! تمامًا مثل مصر، لا تجد في محطات القطار مصاعد ولا سلالم متحركة، بل سلالم حجرية قديمة كبيرة، ولا يوجد عند الأرصفة أماكن للكراسي المتحركة لتنزل وتطلع منها إلا في النادر، وهذا جعلني أشعر أكثر أنها يجب أن تكون دولة من العالم الثالث وليس الأول.

وقد تسبب ذلك في حملنا لحقائبنا الثقيلة على السلالم وتكسرت أيدينا وأقدامنا من ذلك، وكنا نظن أنه من المتوقع وجود مصاعد أو سلالم متحركة!! وبالطبع في نهاية الرحلة اضطرتنا هذه الخبرة السيئة أن نؤجر تاكسي ليحمل حقائبنا للمطار وكلفنا ذلك ٤٠ يورو، وهذا كان مبلغًا مُبالغًا به على تلك المسافة القصيرة حينها!!

ولكن الحق يقال، الشوارع كانت نظيفة وجميلة، شيء مريح للأعصاب فعلاً أن تسير بشوارع كلها خُضرة ونظافة.

مع الأسف لم تُتَح لي زيارة أي جامعة هناك، لكني بالتأكيد لو زرت فرنسا مرة أخرى سأذهب للسوربون لزيارتها إن شاء الله. ولكن بالتأكيد كانت خبرة مميزة ورحلة استمتعت فيها كثيرًا لكني تعلمت فيها أكثر كثيرًا.

أحدب روكسي

في المساء، من خــلال إحــدى الــشرفات المفتوحــة لفيلا قديمــة محاطــة بحديقة صغيرة بروكسي في مصر الجديدة، تقف أمـام المـرآة وتحتـضن فستان زفافها وتتراقص فتاة صغيرة في السن دقيقة الملامح تبدو رقيقة، فجأة يخالجها شعور غريب كأنها مراقبة، كــأن هنــاك عيونًــا ترقبهــا مـن الظـلام فتخـرج إلى الشرفة وتجد هناك عيونًا تلمع في الظلام فتدقق النظر لتحـاول أن تعـرف مَـن، وفجأة تقفز قطة مذعورة، فترتعش وتذهل وتضحك من نفسها:

– إنها مجرد قطة، كفي عن الهراء.

وترددت أتغلق الشرفة أم لا، ثم تنظر للسماء وتبحـث عـن القمـر فـلا تجده فتنقبض نفسها قليلاً:

– كلا لن أدع شيئًا يفسد ليلتي، سأكون أجمل عروس.

وتدفع أبواب الشرفة بكلتا يديها وتتنفس بعمق وتملأ صدرها بـالهواء وتدخل الحجرة وتضع الفستان بعناية في مكانه وتدخل لتنام.

بعد لحظات تقوم وتنظر مـرة أخـرى مـن الـشرفة تبحـث عـن العيـون فتراها مرة أخرى في الظلام.

– كفي عن هذا الهراء، إنها القطة مرة أخرى ليس إلا، مَن هـذا الـذي

سيراقبك؟ وعلامَ يراقبك؟ كفي عن الغباء ونامي.

نعم، يجب أن أنام كما قالت ماما، حتى أصبح نضرة في الفرح وتظهر صوري ببشرة صافية وعينين براقتين وتختفي الهالات السوداء؛ فهي دليل إرهاق، وليس أمامي سوى أيام قليلة على العرس حتى تذهب هذه الهالات السوداء، وعلاج الإرهاق الوحيد هو النوم والراحة وأكل الفواكه.

وتغمض عينيها وهي ترى نفسها تضع يدها بيد عريسها وعلى وجهها ابتسامة جميلة وترى إضاءات فلاشات الكاميرا وهي تأخذ صورهما وتحلم بالصور وتعليقات الأهل والأقارب.

وتنام وهي قريرة العين لا تعلم ما يخبئه لها القدر.

في الصباح، الأم تعد احتياجات العروس وتضعها بالشنط، الأب يشرب القهوة ويقرأ الجريدة..

الأم تنادي على الخادمة: «يا حسنية يا حسنية».

ويعلو صوتها فينزعج الأب ويجيب: حسنية نزلت بالإفطار.

الأم: آه، لقد نسيته، كم يزعجني تذكر أنه موجود.

ويدور حديث عادي بينهما وفجأة يقطعه صراخ يأتي من حجرة «ملك»..

فيذهبوا جميعًا إليها..

20

الأم: ما بك يا حبيبتي؟

ملك تستيقظ من كابوس غاية في الإزعاج مرهقة باكية كأنها كانت تجري من شبح.

الأب: لا تضغطي عليها لتتحدث الآن أعطيها بعض الماء..

وبعد قليل تتحسن ويمر اليوم على خير.

ويتكرر هذا الحدث عدة أيام واحدًا تلو الآخر، تضيع فيه بسمتها وشهيتها ونضرتها.

وقبل اليوم الموعود بيومين تصرخ ملك: لا لن أتزوجه لن أتزوجه سيقتلني، هو قال إنه سيقتلني، لن أتزوجه... وتقوم تجري بالبيت كأنها ترى شبحًا وتحاول الفرار منه.

وبعد التهدئة المعتادة وقراءة القرآن والحوارات التقليدية (إنها عين الحسود، والبخور، والشرائط المسجلة، والصدقة.. وغيره)، يظن الجميع أن اليوم سيمر كبقية الأيام وأنه قلق العروس الطبيعي ودلع بنات.

وتقوم ملك وقد خارت قواها تمامًا وتتسند على الأثاث لتتحرك وأصبح حول عينيها آثار مسابقة ملاكمة لترد على عريسها بالتليفون بعد عودته من السفر للاستعداد للفرح وبمجرد أن يقول «آلو»، تصرخ ملك: «لااااا»، وتسقط مغشيًا عليها.

يأتي الطبيب ليعلن أنها حالة انهيار عصبي وأنها تمـر بأزمـة نفـسية حرجـة ويجب عرضها على طبيب نفسي ما دامت الأعراض مـستمرة منـذ عـدة أيام وتتدهور بسرعة كبيرة على هذا النحو.

يخرج الطبيب ومعه الأب والأم وفجـأة تـصرخ الأم عنـد رؤيـة ابـن أخ زوجها مختبئًا خلف الستائر في الظلام.

الأم لزوجها: قلت لك ألا يطلع هنا أبدًا؛ أنا أتشاءم منه.. إلا يكفيه ما نحن فيه؟!

الأب يأخذ ابن أخيه ويدفعه برفق بعيدًا عن زوجته قـائلاً: مـاذا أتـى بك هنا، أينقصك شيء، كنت سآتي لأطمئن عليك لكن بعدما أطمئن على ملك.

ابن الأخ: جئت أطمئن على ملك، كيف حالها اليوم؟

الأب: انهيار عصبي أو صدمة عصبية.. شيء من هذا القبيل، سـأذهب لأبحث عن دكتور نفساني.

ابن الأخ: وغدًا؟ الفرح؟

الأب: فرح؟ لن يكون هناك أي فرح سنلغي كل شيء.

وينزلان الدرج للقبو الذي أسفل الفيلا..

يدخل العريس جريًا على حماته من الناحية الأخرى: ما لها ملك؟ مـا بها يا حماتي؟

يحدق ابن الأخ عينيه ويركزهما على العريس من بعيد ولا أحد يراه.

ويسمع زوجة عمه تحكي للعريس عما حدث وترافقه لحجرة ملك.

وفجأة يعلو صراخ ملك بصورة متتابعة وتجري على الردهة والأب والأم والخادمة والعريس وراءها، وحين لا تجد مكانًا تذهب إليه تفقد الوعي وتسقط.

ويخرج العريس آسفاً مع الأب يبحثان عن طبيب نفسي والأب يواسي نفسه والعريس ويمني نفسه أن كل شيء سيكون على ما يرام وحالة عارضة وستنتهي قريبًا.. قلق من العرس.. الخ.

يأتي الطبيب ويسمع الحكايات ويرى ملك ويعطيها حقنة منوِّمة لعدة ساعات ويذهب الطبيب على أن يعود حين تفيق حتى يبدأ أول جلساته معها.

وبعدما تفيق يحاول العريس التحدث مع ملك فتصرخ بوجهه وترجوه ألا يقتلها.

فيخرج من الحجرة وهو مصدوم ويترك المنزل ثم يعود ليحدث والدها.

العريس: آسف على ما سأقول لكني لن أجازف بمستقبلي ونفسي وسعادتي مع إنسانة ربما تكون مجنونة.

فيغضب الأب: بإمكانك فسخ الخطبة ولكن دون تجريح ولا إهانة، هذا الكلام غير مقبول على الإطلاق، نحن أنفسنا كنا نريد ذلك ولكن استحيينا

إعلانها فور وصولك.

العريس: أنا فكرت في الانتظار ولكن ماذا أفعل لو عاودتها هذه الحالة ونحن في الغربة.. أسأترك حالي وأجلس بجوارها هكذا مثلما تفعلون؟ مستحيل!!

الأب: يجب أن تعلم أن المرض والصحة بيد الله وربما أنت من يمرض - لا قدّر الله وحينها لن تجد من تجلس بجانبك أيضًا.

وقام الأب دون أن ينتظر أي رد... وعاد ومعه الشبكة والمهر ورماهما على الكنبة وهمّ لترك الحجرة وقال وهو يعطي العريس ظهره: بإمكانك الخروج وقتما تنتهي من مراجعة أشيائك!! وخرج تاركًا إياه وحده.

وخرج العريس من حياتهم، في المساء يأتي الطبيب الشاب ليبدأ جلساته الأولي وكانت مجرد تعارف وإعطاء ملك أدوية مقوّية وفيتامينات لمقاومة الإعياء والإرهاق.

وفي الصباح التالي خرجت ملك للحديقة لتغيير أجواء المرض وتناسي أجواء الفرح التي لم يكتب له أن يتم، وبعد أن أجلستها أمها دخلت لتحضر الإفطار.

فيظهر فجأة أمامها جسم كبير فتفزع ملك ويهدئها.

- ملك: لقد أفزعتني.

– ابن العم: آسف، جئت فقط لأراك، لقد أوحشتني بجنون وكدت أجن من رؤياكِ مريضة.

(وعيناه مغرورقتان بالدموع والشفقة والحزن).

– ملك: فعلا، لقد تعبت جدًّا.

تتحول نظراته لغضب وحنق ويقول: «أنتِ السبب؛ كيف تختارين هذا الأناني السخيف؟».

– ملك: ما علينا، لقد رحل.. ولكنه أشاع عني أني مجنونة!! أنا مجنونة!! أكنت بهذه البشاعة؟!

لن أتزوج هكذا أبدًا.

ابن العم، وقد تهللت أساريره وامتلأت عيناه بالحب: كيف تقولين هذا؟ أنت جميلة الجميلات وأرق قلب.

وتنظر ملك للطبيب القادم فيجري ابن العم ويعود لقبوه وظلامه ووحدته لتبدأ معركة تعصف برأسه.

ابن العم لنفسه (متهللاً والسعادة تغمره): لن يتزوجها أحد الآن الكل يظن أنها مجنونة.

ويغضب من نفسه وينظر لنفسه بالمرآة ويقول: أنت سافل.. أنت أناني وسخيف مثل هذا العريس المتحذلق ولكن يزيد عليه أنك قبيح مشوه أحدب

مهووس.

ويجري على صورتها ليحتضنها ويقبلها (ويحدث الصورة): نعـم أنـا مهووس بك وبحبك وبرقّتك وبحنّوك، أنت الوحيدة التي لا تشمئز من رؤيتي.

لقد فعلت ما فعلت لأجلك وللاحتفاظ بك حتـى أنتهـي مـن مخططـي، أنت من تعجّلتِ الزواج.

غدا سأصبح مـشهورًا ووسيمًا تتهافـت عليـه الفتيـات وسأشـتري لـك السيارة البورش التي تُعجبين بها.. فقط انتظريني ولن تندمي.

وبعد عدة ليالٍ وأيـام تخلـو تمامًـا مـن أي كـوابيس يقتنـع الجميـع أن السبب هو فعلاً ذلك العريس المنحوس ويحمدون الله أنه رحل بشؤمه.

وبعد عدة أيام يتقدم عريس آخر ويتكرر ما حدث مرة أخرى..

يقرر الطبيب المبيت بجانبها ليراقب مراحل نومهـا وتحديـد مرحلـة العين السريعة التي تبدأ فيها الأحلام ومعرفة توقيـت الفـزع بـالحلم، ولكـن، للعجب، لم تفزع وقامت في اليوم التالي دون أحلام مفزعة.

فأثار ذلك فضول الطبيب، فشك أنها ربمـا معقدة مـن الـزواج ومـرت بحادثة أليمة أو اغتصاب مما يسبب لها الفزع عند الزواج.

ولكن بعد عدة جلسات تأكد خلوها من أي عُقد نفسية قـد تكـون، ولـم يجد أي مخرج لهذه المعضلة.

26

وقرر أن يضعها تحت المراقبة المشددة مع تقدم عريس جديد ويكتب كل ما يظهر على الأجهزة من مؤشرات.

ولم يجد أي غريب سوى شيء واحد وهو أن اليوم الذي لا يبيت فيه بجانبها ليراقب الأجهزة تحدث الكوابيس.

وفي يوم وهو يلف بالمنزل وحوله، محتارًا يفكر، سمع صوت صراخ وخناقة ورجل يخرج من القبو مهرولاً قائلاً: «لقد جُننت.. لقد فقدت عقلك تمامًا».

فيحاول أن يرى مع من يتعارك فيقف مذهولاً، فيلوّح في وجهه قائلاً: «ما بك؟ أرأيت شبحًا؟» ويدخل جريًا عائدًا للقبو.

وحين سأل من يكون هذا أجابته الخادمة بأنه ابن عم الفتاة، وأبوها يتركه يعيش معهم في المنزل ولكن في القبو لأن السيدة تخاف شكله لأنه أحدب وتتشاءم منه، ولكن ما عدا السيدة فالجميع يعامله بطريقة حسنة وطيبة خاصة ملك، فهو صديق طفولتها، وتعتبره أخاها.

وحين سألها عمَّن كان يزوره ولماذا تعاركا؟ أجابت بإهمال أن لا أحد يعلم عنه شيئًا.

فتعجب لذلك وسألها إن كان يستطيع الجلوس معه قليلاً ما دام مُقرّبًا لملك فربما يعلم ما يفيد في حل مشكلة ملك، فقالت إنه شخص متحفظ جدًا لا

يسمح لأحد مطلقاً بدخول حجرته لأي سبب، وإنها لولا هذه المعركة ما لاحظت أبدًا أنه يتحدث مع بشر مثلهم ولكانت ظنته يتحدث لشبح وما تعجبت لذلك بالقطع، فهو أقرب لعالمهم!!

فنفض الطبيب ظنونه وقرر الخروج بعد أن تملك اليأس منه وتوقف عقله عن العمل فقرر تغيير المناظر والتنزه قليلا بالسيارة ليركز فقط في القيادة تنفيذًا لنظريات زيادة التركيز.

وحين خرج لم يقل لأحد إنه عائد مرة أخرى، فقد خرج فجأة.

وعند عودته متأخرًا حاول الدخول للمنزل ولكن كل المداخل للفيلا كانت مغلقة فقرر الدوران حول الفيلا علّه يجد مدخلاً من الباب الخلفي، ولكنه وجد كل الأبواب موصدة ولكن لاحظ أن القبو نوره مضاء فتعجب قائلاً: «يبدو أن الخادمة محقة وهذا الشخص يحضر أرواحًا تزعج مَن بالبيت، خاصة ملك»، فضحك ساخرًا من خيبته؛ أنه بعد كل هذه المدة وكل هذه الخبرة لم يعلم سر بعض الكوابيس المكررة.

فسخر أكثر من نفسه وقال: «يبدو أن على الاستعانة بدجال يحل هذه المعضلة بعمل عمل في رجل نملة من قطر فستان الزفاف».

وقهقه عاليًا ثم قاد سيارته للمنزل ونام بعد معاناة كبيرة من الأرق ليستيقظ على تليفون من والد ملك يقول إن الفتاة مرهقة جدًّا لا تريد الأكل أو

الكلام.

فذهب مسرعًا لها وعلم من ملك أنها لم تحلم بكابوس ولكنهـا حلمـت بأنها تتزوج من ابن عمها الأحدب وأنها كانت سعيدة معه في الحلم.

وتكرر ذلك الليالي المتتالية، فتأكدت ظنـون الطبيـب مـن أن ابـن العـم باستطاعته التحكم بأحلام ابنة عمه والسيطرة عليهـا مـن خـلال ذلـك.. ولكـن كيف؟! وظل هذا السؤال يدور برأسه ويفتش بكل ما في البيت وكل شـربة مـاء وكل لقمة طعام تضعها ملك بفمها.

وتمنى لو استطاع أن يقبع داخل رأس الفتاة ليعرف مـاذا يحـدث ومَن يتلاعب بخلاياها العصبية!!

وعند يأسه تمامًا من ذلك عاد إلى بيته وشـعر كـأن هـذا الأحـدب وضـع لعنة على ابنة عمه، وسخر من نفسه لهذا التفكير. ومرة أخـرى جافاه النـوم فقام يبحث عن كتاب يسليه حتى ينام فوقف أمام المكتبة وساخرًا اختار كتابين عن الهرم ولعنة الفراعنة.

وقرأ فقرة أن اللعنة تحـل علـى كـل مـن يبيـت داخـل الهـرم ويصاب بالجنون تمامًا.. ونام وحلم أنه فعل ذلك ونام مكان التابوت داخل الهرم وبدأت الهلاوس والألوان وأصوات مفزعة وقابَل مَن قبله ممـن نـاموا مكانـه وأصابتهم اللعنة وهم يحذرونه ويعرضون عليه كيف جُنّوا، ثم رأى الأحدب يقف بعيـدًا

29

ويقهقه منه ساخرًا؛ فقام متألمًا.

حدّث نفسه قائلاً «يبدو أن لعنة الأحدب قد أصابتني هذه المرة وليست لعنة الفراعنة، وأن الأحدب يتحكم بعقلي هو الآخر عن بعد!!

وذهب لـ«ملك» ليسمع منها نفس الحلم الرائع عن الزواج مـن الأحـدب وأنها تقوم منه ليست مرتاعة ككل مرة بل بدأت تعتـاد الحلـم وتستكين لـه، وأنها حتى بدأت بالتفكير من الزواج من الأحـدب فعليًا لتحقيـق هـذا الحـل، وبدأ يرى قناعة في عينيها بأنه لن يؤذيها يومًا بل سيرعاها ويحبها؟!

وشعر منها بقلقها عليـه حيـث إنـه يبـدو منهكًا تمامًا هـذه الأيـام، فسألها عما يفعل ليكون بهذا الإعياء فأجابته أن كل ما تعرفـه هـو أنـه يكتـب لجريدة تحت اسم مستعار، وهذا هـو مصدر رزقـه، وأنـه انتهـي مـن كتابـة سيناريو فيلم سينمائي سيحقق لـه أموالاً كـثيرة عند بيعـه، وعندئـذ سيقوم بعمليات تجميل وينطلق بعدها لعالم الشهرة والفن.

فقرر الطبيب تجربة هؤلاء المجانين الذين قرروا النـوم داخـل الهـرم للمرور بالتجربة كاملة ومعرفة سر الهرم مهما تكن النتيجة، أحيانًا لا يمكن سماع نتيجة التجربة بل نتيجة التجربة تكون في التجربة ذاتها مثل تجربـة الحب لا تكون المتعة الحقيقية في سمـاع نهايـة القصة بـل في خوض التجربـة ذاتها، فاتفق مع ملك أنه سيتسلل ليلاً للبيت وينـام مكانهـا ليعلم مـا يحدث

تحديدًا في الرأس عند النوم في هذا السرير، فقد قرأ عن بعض النظريات أن النوم بزوايا معينة قد يسبب كوابيس، وأخرى عن وضع مجسم الهرم تحت السرير بنسب مطابقة للهرم تؤدي لهدوء عقلي ونوم عميق.. أما لو تغيرت النسب فتسبب كوابيس وصداعًا مؤلمًا بالرأس، ونظريات أخرى كثيرة عن تأثير الموجات المغناطيسية... وغيرها.

فلا مفر إذًا من أن ينام مكانها لعله يكتشف السر ويقرر أي النظريات تلك التي ستودي بعقل فتاة صغيرة وتحطم حياتها من خلال نومها.

ولم يحاول الصمود ليظل مستيقظًا بل حاول مقاومة الأرق والنوم سريعًا؛ فالمهم أن يكون يقظًا أثناء النوم ليتذكر عند استيقاظه ما حدث أثناء نومه.

وبعد أن سقط نائمًا سمع همسًا وموسيقى خافتة ثم أصواتًا تتحدث عن الحب ثم صوتًا رخيمًا يحكي الحلم الذي تراه ملك... فاستيقظ وهبّ جالسًا فلم يسمع شيئًا، وتعجب مما يكون هذا وبعدها وضع رأسه على المخدة ثانية فسمع الصوت والموسيقى فهب للمطبخ في هدوء حتى لا يوقظ البيت ويفقد ما قد وجد، فقطع المخدة ليجد سماعات لا سلكية ضئيلة الحجم بداخلها.

فقام يتسمع من أين يأتي الصوت، وبالطبع اتجه إلى القبو فبالتأكيد حل بقية اللغز هناك وتأكد حدسه. فحاول سريعًا لمّ كل شيء وإعادته كما كان لليلة

31

القادمة ليعرضه على الوالد، فمدة ذلك كله مجرد دقائق فقط.

وبالفعل تم ذلك وداهم الأب ابن أخيه الذي فتح الباب من المفاجأة ووجد الطبيب صور ملك تملأ المكان وكُتبًا في كل مكان.. كتب عن الفلسفة وعلم النفس والأحلام والكاريزما والتحكم العقلي بالآخرين وغيرها من الكتب. واعترف الأحدب بكل ذلك، وقال إن سيناريو الفيلم الذي عكف على كتابته منذ سنوات قد سُرق منه، وإن كل أحلامه ضاعت وهذا كان سر العراك مع الرجل الذي زاره سابقًا وكان عليه أن يحول الحلم من مجرد رفض العرسان إلى جعلها تقتنع بأن تحبه على هيئته هذه لأنه لن يستطيع عمل أي عمليات تجميل ليليق بها، ولم يكن أمامه أي طريق غير ذلك، وإنه رغمًا عنه أحبها حبًا جنونيًا حيث إنها هي الوحيدة التي كانت تعامله بإحسان ودون شفقة مثل عمه أو تأفف مثل زوجة عمه بل كانت تعامله بطريقة عادية فكان يشعر معها بآدميته. وقد قرأ عن طريقة زرع الأفكار التي كان يستخدمها الساسة الألمان في فترة الحرب تحت قيادة هتلر، ورآها تطبق في أحد الأفلام على طلاب المدارس العسكرية الألمانية في تلك الفترة ليضمنوا ولاءهم لهتلر منذ نعومة أظافرهم؛ حيث يضعون منوّمًا في وجبة العشاء ويستخدمون أبواقًا بأصوات مسموعة ولكن خافتة تظل تكرر الأفكار المطلوب زرعها في عقول هؤلاء الشباب، بعد وقت محدد مع بداية مرحلة الأحلام. ولم ينجُ أحد من عملية غسيل المخ تلك سوى شاب واحد كان قد أصيب وهو صغير في أذنه ويتوجب إغلاق أذنيه بسدادات

حتى يستطيع النوم دون قلـق أو فـزع، وبالصدفة استيقظ هـذا الولـد في المساء للذهاب لدورة المياه فسمع ما يبث في الأبواق من أفكار، خاصة بعد أن شعر أن أغلب أصدقاء طفولته أفكارهم تغيرت بعد التحـاقهم بتلك المدرسة وأصبحوا يتصرفون كأنهم تحت تنـويم مغناطيسي وهنـاك مَن يجلس داخل عقـولهم ويوجهها.. ودارت بقية أحداث الفيلم ولكن توقف الأحدب عند هـذه النقطـة وهي التحكم بالأفكار من خـلال الـتحكم بـالأحلام وتـأثير ذلك علـى سلوك الإنسان. وإنه بدأ يبحث عـن طـرق تنفيـذ ذلك وأسـرعها وبالفعل وضع هـذه السماعات اللاسلكية في مخدة ملك حيث تخرجها الخادمة يوميًا في الـشمس في الحديقة وكان من الـسهل تجربتها، ولحساسية ملك تـأثرت سـريعًا بهـذه الكلمات التي تبث من السماعات، وإنه كان يضع المنوم في البونبوني الذي اعتاد أن يعطيه لملك كل يوم قرب معاد النوم، وهي كانت تشكره على ذلك لأنه دائمًا يتذكرها ويحضر لها النوع المفضل لها والذي تحبـه كـثيرًا، وكانـت تفرح بـه كالأطفال. فثار الأب وفوجئ بملك تلومه وتطلب منـه أن يقـوم بتحمـل تكلفـة العمليات التي تتوجب لابن عمها ما دام ذلك قد ينقذ حياتـه. وأيضًا تكلفـة المحامي لطلب الحق الفكري للسيناريو الذي كتبه. وفوجئت الأم بذلك وظنـت أن ابنتها قد أحبت الأحدب حقًا، ولكن أجاب الطبيب أنـه ربما بعـد شفائه يصبح وسيمًا ومشهورًا مثلما حلم وعندها يحاط بأجمل الفتيات ويـرفض هـو أن يتزوجها عندئذ!!

33

من يُرد زيادة انتمائه لمصر..
فليسافر لأمستردام!!

في عــام ٢٠٠٣، ســافرت لهولنــدا لتــسلم جــائزة هنــاك في جامعــة أيندهوفن، فسافرت مع أخي الأكبر. وصلنا مطار أمستردام صباحًا وعلينـا أخـذ القطار لمدينة أيندهوفن مساءً، ففرحنا أنه لدينا بعض الوقت لنقضيه بالعاصمة. وكان ذلك أول يوم لنا بأمستردام، وقد عدنا لها بعد انقضاء المؤتمر وقررنا قضاء يومين آخرين لتفقد معالم المدينة قبل العودة لمصر.

قبل السفر كان عندي تخيل لأوروبـا مـن حكايـات والـديّ وصـورهم في أنحاء وبلدان أوروبا المختلفة. كنت أحلم بالسفر لهناك حيث الخضرة والنظافة والثقافة والاستقلالية، وانـشغال كـل شخص بنفسه وعـدم تدخلـه في شئون الآخرين، فالكل مشغول بذاته وعمله وأحلامه وطموحه وحياته، أو على الأقل مشغول بالكتاب الذي بيده، الكل يقرأ، الكل مثقـف، الكـل يمـارس الرياضـة وأكلهم صحي ويراعـون الآداب العامـة، فهـم متحـضرون وهـذه مـن علامـات التحضر. هذا ما كنت أتصوره قبل السفر وجلست أيامًا أعد العدة وأجهز قائمـة بالمتاحف والمصانع والأماكن الشهيرة لزيارتها، وأعددت برنامجاً لنـا بالـساعة فكل المعلومات متوافرة على الإنترنت وحتى مواعيد القطارات فمن السهل جـدًا تحضير مثل هذا البرنامج بهذه الدقة وأنـا علـى جهـازي بمـصر، بـل وحجـز

بعض هذه الرحلات مسبقًا أيضًا. لقد كنت في غاية السعادة بهذه الخبرة الأولى في حياتي، فلن أضطر أن أسأل أحدًا عن طريق فقد طبعت كل الخرائط المطلوبة. ولن يفتي لي أحد بأي شيء، فقد قرأت كل تلك الإفتاءات على الإنترنت كتعليقات الزائرين وملاحظاتهم وخبراتهم على زيارتهم لهذه الأماكن السياحية.

كل شيء مرتب ومخطط ومعد، لكني حين ذهبت صعقت بلافتة تملأ كل مكان تحذر من النصابين حتى في المطاعم والفنادق في أمستردام، وأنهم بذلك قد أخلوا مسئوليتهم بهذه اللوحات، وأن عليك حماية متعلقاتك بنفسك. فاكتشفت أنا وأخي لأول مرة فكرنا فيها في الخروج أن الشيء الغالي حقيقةً الذي نحمله هو المصحف، فكل هذه الأشياء لو ضاعت نستطيع شراء غيرها ولكننا لن نسامح أنفسنا لو عبث أحد بالمصحف، إذًا يتوجب علينا إخفاء المصحف في الخزينة بالأرقام السرية. وحمل جوازات سفرنا في شنط صغيرة تلف حول الوسط تحت الملابس. فنحن لا نريد أن نتشرد مثلما تشرد «همّام في أمستردام»!!

وكانت صدمتي الكبرى بأمستردام.. فهي قذرة جدًّا، لا أحد يقرأ، بل الجميع يتكلم فيما يعنيه وما لا يعنيه، النساء والرجال والشباب.. الجميع تقريبًا يدخن.. ما هذا؟!

أين ميادين الورد.. أليست هولندا أشهر البلاد بالزهور.. أين ميـادين الحمام الذي يأكل بأمان؟!

ثم رفعت عينَيّ علـي المبـاني والبيـوت فكنـت آمـل أن أرى تـصميمات روستيك فإذ بي أفاجأ بإعلانات منحلة على كل المنـازل والبيـوت في كـل مكـان أذهب إليه في هولندا.

اليوم الأول : قررنا أنا وأخي القيام بالرحلة المائية المعروفة في أمستردام التي تأخذنا في كل شوارعها وضواحيها وتمـر علـى كـل المعـالم السياحية بهـا ويحكي لنا المرشد كل التفاصيل عما نراه. فحين ذهبنا لحجز التذاكر قطعها لنا شاب مغربي ومعه صديق له فعرضا علينا العمل معهما وقالوا إننا في منتهـي الحظ حيث هناك أماكن للعمل غير الشرعي ومطلوب فيه شاب وفتاة، فتعجـب أخي من ذلك، فضحك أحدهما وقال : لا تقلق لـن تعمـل في الـدعارة، إنـه عمـل شريف، فغضب أخي وقال لهما إني أختـه وإننا مهندسان نعمـل بمجـال البترول في مصر ولا نريد منهما أي عمل أو معرفة، فتعجبا من رفضنا وقالا ألم تأتيا هنا لذلك، الجميع هكذا يأتي بفيينا سياحة ولا يعود، فأجاب أخي أننا أتينا لحضور حفل لتكريمـي مـن منظمـة عالميـة للمهندسـين وانتهـى الحـوار وذهبنا لركوب المركب. بدأ المرشد السياحي كلامه بأن أمستردام مدينة مبنيـة فوق المياه وكل شارع تسير عليه الحافلات تحته شارع مائي يوازيـه تـسبح بـه

36

حافلات مائية، فمن الممكن أن تصل من أي مكان لأي مكان آخر بالماء ولا تسير قط في الشوارع، ثم استطرد بكلام قبيح، جعلني أنا وأخي نشمئز منه ومن ضحكات الحاضرين بالمركب، والجميع نظر لنا بالطبع نفس النظرة لقروي سانج يرفض السكن في شارع الهرم فوق أشهر ملهي ليلي خوفا من غضب الله على المكان وخسفه وزلزلته في أي وقت، حتى لو كان السكن بالمجان! ! وأنا لا أنكر أنني فعلاً خفت من خسف المركب وغرقها ونحن معهم! !

عمومًا، مضت الرحلة وفيما عدا ذلك كانت رائعة وحقًا استمتعنا بها جدًّا فقد كان يومًا مشمسًا حسدنا عليه كل من رآنا وعرف أنه أول يوم لنا بأمستردام، وبعد ذلك قمنا بالتسوق من المحال التي قابلناها وفوجئنا بالأسعار الغالية لدرجة أذهلتنا! ! ثم ذهبنا للأكل فوجدنا قائمة الطعام وقائمة الخمر وقائمة المخدرات وإعلانات البني آدمين (قصدي الدعارة! !) فصدت نفسي ولم أعد أشتهي أي طعام وأصبحت أريد العودة للقاهرة، على الأقل القاهرة ليس بها قوائم نخاسة علنية في جميع محلات الطعام على هذا النحو! !

وعند ذهابنا لقطع تذاكر القطار تركني أخي مع الشنطة وذهب لقطع التذاكر، فوجدت شخصًا يبدو معتوهًا مخمورًا مثل الأفلام، ملابسه ممزقة ويبدو أنه لم يستحم منذ شهور، يقترب مني وينظر لي بعيون متورمة حمراء يكاد الدم يسقط منها فصرخت مناديةً على أخي وحين وصل لي أخي وجدت

هذا الرجل يعبر من جانبنا ليدخل المحل الذي أقف أمامه ، فإذ بي أفاجـأ أنـه محل مخصص فقط لبيع المخدرات، وبه كل أنواع المخدرات موضوعة هكذا علـى أرفف: كوكايين، هروين... الخ.. كل مـا تـشتهي الأنـوف!! فتحـسرت علـى قاهرة المعز.. كيف لهذه المدينة المنحلة الغارقة في الرذيلة مـن أخمـص قـدميها إلى ما فوق رأسها تكون متقدمة وكل من رأيته حتى الآن مدمن أو سكير أو تعمل بالدعارة، والقاهرة العامرة بالمساجد والكنائس متخلفة وفقيرة ومعدمة؟! حقا حزنت على بلدي وأهلي..

ثـم سـافرنا لمدينـة أخـرى اسمهـا أينـدهوفن، مدينـة خلابـة وعكـس أمستردام تمامًا، قضينا أيامًا ممتعـة. زرنـا فيهـا مـصانع فيليـبس ومتاحـف التكنولوجيا وبيت فيليبس نفسه ومختبـره وأمـاكن كـثيرة بالجامعـة وأمـاكن البحث العملي بها. قابلنا الكـثير مـن الأسـاتذة هنـاك ومن المـديرين بمصانع فيليبس وحضرنا عدة محاضرات ضمن البرنامج المعد، وبالطبع الجامعة وبحثها العلمي يدور في فلك المصانع المحيطة وطلابها وعلماؤهـا جميعًـا يخـدمون هـذه الصناعات بعلمهم، فهنـاك في الأغلب الدراسة تكون موجهـة لخدمـة المجتمـع وليست منعزلة عن الصناعة والسوق ومتطلباته مثلما يحدث في مصر! ! وبالطبع أيضًا يكون التدريب الصيفي عمليًا في هذه المصانع ليعضد الدراسة النظرية أثنـاء الـسنة. كـم أتمنـى أن أرى ذلـك يحـدث في مـصر ويـصرف أصحاب المـصانع والمستثمرون على البحث العلمي بالجامعـات ويكفلـون الطلبـة المتفوقين ماديًـا

38

وعلميًا ودراسيًا ليطبقوا ويحولوا أفكارهم إلى منتجات ملموسة.

ولنعد مرة أخرى لأمستردام حيث اليوم الثاني لنا بها، ذهبنا لسينما مجسمة ذات التأثيرات الحية، فمثلا عند وجود أمطار تجد رذاذًا يهطل عليك، وعند وجود رياح تجد هواءً ينبعث عند الأقدام، وعند ركوب قطار تجد كرسيك يهتز كأنك حقاً بقطار، وبهذه التأثيرات تشعر أنك تشارك أبطال الفيلم وليس فقط تشاهده. ثم قررنا الذهاب لشارع اليهود بجانب السينما ففوجئنا بأن ما اشتريناه من المحال يباع في هذا الشارع بثلث الثمن!!

ثم اتجهنا لشركة السياحة في أحد الأحياء لتأجيل السفر لمصر لليوم التالي ليتسنى لنا رؤية بعض المتاحف والأماكن السياحية بأمستردام.

وجدنا حديقة جميلة جدًا فوقفنا لنأخذ صورة وطلبنا بسذاجة من أحد المارة تصويرنا وأعطيناه الكاميرا، فإذ به يخطفها ويجري سريعًا وجرينا وراءه وكدت أبكي فهي عليها صورتي وأنا أحمل الجائزة ولم ترَها أمي ولا أخي الأصغر بعد!!

لم تكن كاميرا رقمية بل كانت من الكاميرات القديمة التي تحمل الفيلم ونحمضه في معمل التصوير لنحصل على الصور، وكانت لا تزال هي الرائجة بمصر لأن الكاميرات الرقمية آنذاك كانت بأسعار فلكية..

ولكن لحسن حظنا أن الرجل توقف وعاد لنا وأخذ صورتنا وقال إنه

فعل ذلك ليعطينا درسًا لا ننساه طوال وجودنا بأمستردام وأن هذه اللافتات التحذيرية ليست للمزاح ! !

فعلاً، لم أكن سعيدة بوجودي بأمستردام وصدمتي بأوروبا كانت قاسية، وتعجبت من أنهم يعتبرون مثل هذا البلد بلدًا متقدمًا، وتحسرت على أنهم يحسبون مصر بلدًا من العالم الثالث على الرغم من أن أهل مصر حقاً أكثر تقدمًا وتحضرًا وتوددًا وأن القاهرة أكثر أمانًا وكل ما تحتاجه القليل من النظام بالمرور والكثير من النظافة، وعلى الأقل لن تحتاج للاستغفار كل دقيقة مما تقع عليه عيناك من إعلانات عارية كبيرة تغطي المباني بأمستردام وفوق كل مبنى تقريبًا ! !

ثم ذهبنا لمشاهدة ميدان الحمام ولكن الوقت كان قد اقترب من الغروب، فإذا بالوجوه تتبدل، فتجد الكثير ممن حولك على وجوههم إصابات سكاكين وهيئاتهم تدل على أنهم مجرمون، وفي الأركان البعيدة تجد فجأة جثثًا كانت نائمة طوال النهار بدأت تصحو، لم تكن لتراهم في الصباح لاختبائهم بين الزهور في الحدائق، وتفاجأ أنهم عجائز طاعنون في السن يشبهون محمد توفيق - رحمة الله عليه - في أفلام المخدرات، كل من يعبر بجانبهم يضربهم ويهينهم، فقال لي أخي يبدو أن هؤلاء يعملون كناضورجية ! !

فقررت أنا العودة للفندق، فهناك تحذيرات للسائحين بالوجود بعد

الساعة السادسة مساءً «لعدم وجود شرطة» بعد هذه الساعة وأن البلد يصبح غير آمن بالمرة وكل فرد مسئول عن حماية نفسه!!

وتنام المدينة ويغلق كل شيء ولا يفتح سوى الملاهي الليلية والبارات، فأعادني أخي للفندق وأصر هو على الذهاب ورؤية المدينة ليلاً، فجلست بالفندق صراحةً مرعوبة فأغلقت عليّ الباب من الداخل وفتحت التليفزيون لأتسلى إلى أن يعود أخي. فإذا بكل القنوات تعرض أفلام دعارة وإعلانات عن الوكالات المخصصة لذلك ووجدت قنوات مخصصة للشواذ، ولأول مرة أفهم معنى هذه الكلمة فأصابني ذلك بغثيان وشعور مُطبق بالاشمئزاز، فأغلقت التلفاز وصليت ودعوت الله أن يحفظ أخي ويعود لي سالمًا، وينشر عليّ من رحمته في هذا البلد الذي يبدو كأنه وكر كبير للعتاة والمجرمين، وبالفعل بحمد الله لم يتأخر أخي ووجدته يعود قائلاً إنه أخذ خط المترو ذهابًا وإيابًا ولم يجد أي شيء قابل للزيارة وخلال ذلك سمع طلقات نارية ومشاجرات هنا وهناك، فقرر ألا ينزل من المترو أصلاً.

والجدير بالذكر أننا ونحن مسافرون إلى أيندهوفن، أخطأنا القطار وركبنا القطار السريع الذي يجول أوروبا كلها، وبالفعل توقف القطار على حدود بلجيكا لوقت ضئيل جدًّا ولا أنكر أنني استمتعت بذلك جدًّا وتمنيت لو استطعنا عمل هذا القطار بين مصر وليبيا وتونس والجزائر والمغرب، وآخر

مماثل يمر بين سوريا ولبنان والسعودية والعراق ودول الخليج. ولقد عرفنا من أصدقائنا في أيندهوفن أن بعضهم يفضل الإقامة في هولندا ويعمل في بلجيكا والعكس ويستخدمون هذا القطار بصورة يومية ويوفر لهم الكثير من الوقت.

ولأن والدي – رحمة الله عليه – عمل فترة بالتدريس في جامعة «سبها» بليبيا وكان يضطر لاستخدام «السوبر جيت» للسفر بسبب الحظر الجوي المعمول به آنذاك على ليبيا وكان يتعب بشدة من شدة الحرارة وطول السفر، فتخيلت أنه لو كان مثل هذا القطار موجودًا لكان والدي بات معنا يوميًا واستطاع العمل هناك في الوقت نفسه دون كل هذه البهدلة في السفر!!

في النهاية تعجبت ممن يرفضون العمل كعمال بنزينة بمصر أو بائعي جرائد ويوافقون على مثل هذه البهدلة بالخارج حتى يكونوا اسمًا يعيشون بأوروبا؟!!

ولا أنكر أني استمتعت بالأماكن السياحية التي شاهدتها بهولندا ولكن حقًا هي لا تقارن بأي شيء موجود بمصر، فمصر مزدحمة بكل شيء حتى الآثار والأماكن السياحية.

فمن يريد أن يقدر مصر وأهلها وتاريخها ويفتخر بأصله وبلده ويزيد انتماءه فليذهب لأمستردام حيث البلطجة والمخدرات والدعارة وكل شيء مباح ومشروع وقانوني!!

الشبهات

شاب في أوائل الثلاثينات من عمره يقود سيارته بعد منتصف الليل وفجأة يقرر التوقف على يمين الطريق. يحدث نفسه قائلا: «لا أستطيع القيادة على هذا النحو، تبًا، يا له من يوم عنيف! !»

يضع رأسه على عجلة القيادة ويغمض عينيه محاولاً الاسترخاء ولكن الأحداث تقفز في رأسه، صور مقتطفة كثيرة تقفز من رأسه لتصبح أمام عينيه، أصوات متفرقة، جميعها تتغير وتتلاحق عدا صورتين يظلان دائمًا في خلفية كل الصور..

صورة صديقه نائمًا على سرير المستشفى وتجاوره والدته، في حالة ذهول تام مما تسمعه منهما، لا تبكي، لا تبتسم، لا تتكلم، لا ترد، كأنها تحولت لصنم. وصورة أخته تصارع زوجها الذي أصبح يشبه العمالقة وليس الآدميين، وهي بجواره كأنها عصفورة مسكينة تحاول الدفاع عن حقها في الحياة بنقر المارد الجبار الذي أسرها وحبسها.

ثم يرن هاتفه المحمول قاطعًا كل أحبال تفكيره المتشابكة، فينظر للنمرة المتصلة وينقلب وجهه من الشرود إلى تكشير مُجيبًا: «نعم»!

فيجيئه صوت زوجته الرفيع الحاد: «أين أنت؟».

فيجيب في ملل واضح وكأنه يسمع ما حفظه دون أن يفهم ما يقال له: «أنا على ما يرام الحمد لله».

فتقول في امتعاض: «إذًا، أنت في أسوأ حالاتك، شكرًا».

فيرد ثانية: «أنا الحمد لله على ما يرام».

فتسأله في قلق: «هل مات صديقك؟».

فيغضب غضبًا شديدًا: «يا شيخة حرام كده، لَأ هو ما زال حيًا، لماذا هذا الفأل السيئ؟ لماذا تستفزينني؟».

فتجيب: «حتى تسمعني!! ها.. أين أنت الآن؟ أما زلت عنده؟».

فيرد: «افصلي حتى تسمعي» فتسكت، «أنا خرجت من عنده وفي طريق العودة للبيت لكني سأتأخر قليلاً».

فترد في تهكم واضح: «آه، الطريق طبعًا مزدحم بشدة الآن!!».

فيجيب باستفزاز: «آه! سلام».

ويغلق التليفون ويرميه على الكرسي المجاور ويقول لنفسه: «هو أنا كنت ناقصك أنت الأخرى، دائمًا تريدين معرفة كل شيء مع أن معرفتك بالشيء لا تفيد أبدًا!!!».

فيسكت ويستغفر الله ويقول: «الحمد لله أنها لا تضر أيضًا، الحمد لله

على نعمه، على الأقل لا تسبب لي المشاكل بمعرفتها أي شيء، غيرها من النساء كان من الممكن أن يحول حياتي جحيمًا أكثر من ذلك، الحمد لله!».

ثم يضحك مما قال... ويدير السيارة ويتجه لطريق سفر سريع وينطلق بسرعة فائقة مع فتح كل شبابيك السيارة ويسير هكذا لمدة قصيرة، ثم يعود ثانية لمنزله. ويقول: «كان لا بد أن أصبح طيارًا، ربنا يسامحكم يا بابا انت وماما».

فهو دائمًا كان حين يضيق صدره ينطلق هكذا بالسيارة وحين لا يستطيع أن يذاكر يأخذ كتبه وينزل يذاكر بالسيارة بعد عدة انطلاقات كتلك.

ومرة ثانية تطلبه زوجته فيرد ثانية كالحافظ الذي لا يسمع ما يقال: «أنا في طريق العودة فعلاً، أغلقي التليفون لأني أقود».

فتسأل: «أصديقك حالته سيئة لهذه الدرجة أم أنها أختك؟».

فيرد باستسلام فهو يعرف أنها لن ترتاح سوى بعد أن تعرف كل شيء: «كلاهما»

فتسأل بقلق: «لماذا أراد صديقك أن يراك؟».

فيجيب مرة أخرى كأنه يحدث نفسه بصوت عالٍ وفي زهق: «صديق على فراش الموت ويطلب رؤيتي ماذا عساني أن أفعل؟».

فترد: «كلا، أشعر أن هناك شيئًا آخر من حديثك أراده صديقك، أيريد

مالاً؟».

فيقول: «أهذا كل الذي برأسك؟.. المال ليته كان المـال كـان الأمـر هـان وأصبح سهلاً».

فتسأل: «إذًا ماذا أراد؟».

فيرد في يأس والحيرة ظاهرة في صوته: «يريد أن يرى أختي! !».

ويسود الصمت طويلاً بينهما... وتضع زوجته يـديها علـى رأسـها مـن المفاجأة وتسكت فهي تعرف أن صديقه هذا كان جارهم مـن زمـان وكـان يحـب أخته جدًّا على الرغم من عدم اعترافه أبدًا بذلك وأن زوجها علم مـصادفة حـين وقعت عيناه على مفكرة صديقه مرة خطأً وهو عنده بالبيت إلى أن اختفـى فجـأة هو وأهله ليعود ثانية الآن فجأة يطلب هذا الطلب الغريب.

- «ألم تقل له إنها تزوجت؟!».

- «نعم، قلت، لكنه يصر.. وهو الآن يحتضر وعلى الرغم من ذلك يصر على طلبه هذا! !».

- «وأنت.. ماذا ستفعل؟».

فيرد في غضب: «ألم أقل إن معرفتك مثل جهلك لا تفيد ولا تـضر، كـل ما سأفعله الآن هو أن أغلق التليفون حتى يتسنى لي القيادة، ممكـن يـا حـضرة وكيل النيابة؟».

فتغلق التليفون وهي تقول: «يا ربي، ما هذه المصائب الغريبة؟ بالتأكيد لم يقل له إنها متزوجة من شمشون الجبار وإلا كان تراجع عن طلبه هذا.. يجب أن يقول له!!».

ويسرح الشاب: «أنا حقًا لا أدري ما عليّ فعله، أيجب أن آخذ أختي لرؤية صديقي، كلا لن أفعل، يكفيها ما هي فيه من مشاكل مع زوجها الكريه، ربما لو رأت صديقي وسمعت منه مبررات لاختفائه وبعض الكلام المعسول، تلعن حياتها وتنهي زواجها مِمَّن لا يستحقها هذا، وربما أكون هكذا أدفعها للانحراف..». ثم يسكت برهة ويستطرد تفكيره، «ولكن ماذا لو مات صديقي؟! كيف سأُسكت ضميري عن أني منعته من تحقيق آخر أمنية له، هو لن يتزوجها ولن يغريها، هو فقط غاية مبتغاه أن يرى حبيبة عمره مرة للحظات ويموت، وهو ليس الآن مصدر قلق بالمرة بل ربما حين تراه أختي وتشفق وترثى لحاله، يموت سعيدًا وهي تشعر أنها أكثر حظًا أنها لم تتزوجه وتزوجت هذا الثور على علّاته، فهو ليس مريضًا وترى حينها أن صحة زوجها نعمة وتقدرها وتتحسن علاقتها مع زوجها.. صحيح أنه لا يحبها ولا هي تحبه، لكن لو هي تخيلت أنها تزوجت صديقي هذا - الذي كان يعشقها - وهو مريض هكذا وقضت عمرها في المستشفى بجانبه تمرّضه لم تكن لتكون سعيدة أيضًا، على الأقل الآن عندها أولاد يسعدون أيامها ويفرحون حياتها ويجعلون من حياتها غاية وقيمة..»، فيعقد العزم على أخذ أخته لصديقه مؤكدا

لنفسه: «نعم، أختي ليست بمراهقة.. إنها سيدة ناضجة وستقدر الموقف، وهذا يُعتبر عملاً إنسانيًا، ثم أنا أخوها الأكبر ولن أتركها لحظة، وسأذهب معها، إذًا شرعيًا ليس هناك عليّ أي ذنب، أنا أنفذ وصية وطلب صديق يحتضر».

ويسكت بعد بُعد الظنون واتخاذ قرار ثم يقول في باله: «ولكن تبقى مشكلة، هل سأقول لزوجها أم لا، وهل أطلب من زوجها أن يرافقنا هو الآخر أم لا، كلا لن آخذه فهو غبي وقد يفسد كل شيء أو يقتل صديقي لو علم أنه كان وما زال يحب أختي، ثم كيف سأقول له شيئًا كهذا أصلاً»، فيقول لنفسه بنبرة تهكم: «لو سمحت تعالَ معنا لزيارة شخص كان يحب زوجتك وهو الآن يموت ولا يريد من الدنيا سوى رؤيتها مرة أخيرة قبل أن توافيه المنية!!»..

«ولمَ لا؟ ربما حينها يُقدر أختي ويعرف النعمة التي بين يديه والتي يتمناها آخرون، وربما غار عليها فيُشعرها ذلك بأي سعادة؟»

ثم يسكت ثانية ويقول «كلا، إنه حقًا غبي لن يفهم هذه المشاعر أصلاً، وحتى لو غار فقد يتصرف بعنف ويدخل يضرب صديقي ويعجل بموته وتنتهي الزيارة بالقبض عليه بتهمة القتل.. أنا سآخذها في هدوء وأقول له إننا ذاهبان لزيارة مريض، صديق قديم للعائلة وإني سآخذ أختي لمواساة أمه.. نعم، هذا أفضل حل.. وهكذا أكون لا كذبت، ولا أخذتها من ورائه، وهو لن يعترض

وهي لن أقول لها أي شيء سوى حين نصل هناك حتى لا يكون عندها وقت للتفكير أو تذكر ما كان..».

«آه مما كان ومما سيكون..».

وتبدأ الذكريات في ملاحقته مهما حاول أن يبعدها، ويتذكر صفحات مذكرة صديقه التي رآها أول مرة مصادفة، كانت مفتوحة أمامه، هو لم يفتحها ولم يبحث عنها.

كان مكتوبًا بها: «حبيبتي ليلى.. لقد جعلتني أفكر الآن في تغيير اسمي لقيس، فأنا حقًا مجنون بكِ.. أحبك، أحبك، لا أدري لِمَ دائمًا قولها لنفسي سهل ولكن ينعقد لساني حين تجيء سيرتك ويتحدث عنك أي أحد أمامي؟! كم وددت أن أقولها لكِ ولكن كل مرة لا تواتيني الشجاعة، لا أدري لماذا كلمة بسيطة كهذه والتي تحوي بداخلها كل المشاعر والمعاني تكون بمثل هذه الصعوبة عند قولها على الرغم من أني أقولها آلاف المرات لنفسي خلال اليوم؟! ربما خوفًا من قتل الأمل، فأنا الآن أحيا على أمل أن تكوني لي، ولكن إن قلتها وأنت لم تقبليها فكيف سيكون الحال؟! ربما اختبأت بعد ذلك عند زيارتي لكم وتحرمينني من رؤياكِ.. ربما منعني أخوك من زيارة بيتكم أصلاً؟! لكني الآن أراكِ وأملّي عيني منك من بعيد وأنت تجلسين تقرئين..

قبل أن أحبك كنت دائمًا أسأل نفسي لِمَ أنا أعيش فلا أجد إجابة كأن

حياتي بلا قيمة ولكن منذ أن رأيتك أحببتك وعرفت الهدف من حياتي ألا وهو حمايتك ورعايتك حتى لو لم تشعري أنت بذلك، ربما يومًا تعلمين أو لا تعلمين لا يهمني أن تعلمي ما يهمني هو أن أقوم بدوري على أكمل وجه، أشعر أن هذا من الأسباب التي خلقني الله لها في هذه الدنيا..

تتذكرين حين كُسرت ذراعي؟ كان ذلك يوم غاب أخوكِ عن المدرسة لأنه مريض فعلمت أنكِ ستعودين وحدك من المدرسة، مشيت وراءك على مسافة تسمح برؤيتك والاطمئنان أنك عدت بيتك بسلام، وما ظننته قد حدث حيث مشي وراءك بعض الشباب وسمعتهم يقولون إنهم سيخطفون منك «شنطتك» ليعاكسوكِ ويضعوكِ في وسط دائرة ويرمون الشنطة لبعضهم البعض، أعلم أني ضعيف وهزيل لكني قررت أن يجعلوني أنا من يتسلون به بدلاً منك ويعتدون عليه بدلا منك فاحتككت بأحدهم وضربته على قفاه لأستفزه بشدة ولا يستطيع تجاهلي ولا أنكر أنني قد أسعدني هذا الشعور جدًّا وانتهى الأمر أنهم جعلوني في وسط الدائرة يلقون بي لبعضهم البعض وحين مل أحدهم قرر ضربي بشدة فحاولت صده فكُسرت ذراعي وجروا بعدها، لم أغضب منه فهو لم يقصد كسر ذراعي ولكن من ضعفي لم يتحمل ذراعي الصد. إلى الآن لا أحد يعلم سر هذه الخناقة ولكن ربما يومًا ما أجعلك تقرئين هذا الكلام فتعرفين أنه حتى لو كنت ضعيفًا ما زلت أستطيع أن أحميك.. أنا فارِسُكِ المخلص الذي سيظل طوال حياته في خدمتك وهذا سر سعادته الوحيدة بالدنيا».

وتوالت الذكريات، فتذكر كيف كان صديقه يضرب عينيه بالأرض عند دخول أخته لوضع المشروب لهما وكيف كانت أذناه تفضحانه وتحمران احمرارًا شديدًا لافتًا..

وتذكر حين دخلت عليهما أخته ترتدي الفستان الجديد الذي يُفصل وأن أمها طلبت منها أن تريه إياه وأنه أجاب بلا اهتمام: «حلو حلو»، ولكن كيف تسمرت مقلتا صديقه عليها حينها ولم يضع عينيه بالأرض كالعادة، وحين زعلت أخته منه ولامته على عدم اهتمامه وأنها تريد أن تعرف إن كان أنيقًا أم لا، فرد صديقه بتلقائية وعفوية ودون إدراك كأنه تحت سحر: «قمر.. أنتِ مثل القمر»؟ فاحمرَّ خدا أخته وانسحبت بهدوء وهي تنظر في الأرض، وانتفض هو واقفًا ومعتذرًا وانصرف فورًا، وظل لا يتكلم ولا يزورهم فترة، فابتسم الشاب وقال: «يا ليتك تزوجتها!!».

وقفزت في رأسه الذكرى المؤلمة وصورة أخته حين عاد يومًا لمنزله ليجد أخته ملقاة على الأرض أمام باب منزله وحرارتها عالية وكأنها مغمى عليها، ففزع وطلب لها الطبيب، وبعد أن تعافت بكت وحكت له أن زوجها ملّ من مرضها الذي كان فقط لأربعة أيام وتأوهاتها بسبب حرارتها العالية، فقرر أن يجيء بها له حتى يتم شفاؤها ولكن لم يكن أحد بالمنزل فتركها أمام الباب حتى يعود لأنه كان لديه مواعيد مهمة!! ولا تدري ما حدث، وحين طلبت

51

منه أن يأخذها لأمهما ما دام لا أحد بالمنزل. أجاب: «إن أمك ستعود بك بالمنزل وتظل لجوارك هناك إلى أن تتعافي وهو يكره رائحة الأدوية والأطباء ولكن أخيكِ سيمنع خروجك من منزله إلى أن يتم شفاؤك».

وتذكر كيف غضب وقال إنه يتوجب تطليق أخته فورًا ولكن تصدى له والداه وأقسما عليه ألا يفعل وألا يخرب بيت أخته بحركات عنترية هوجاء لا عاقبة لها سوى الخراب وضياع الأطفال وتحججوا أنه في كل بيت مشاكله ولكل عائلة مصائبها وأن الجميع بشر بهم عيوب مثلما بهم مميزات والزوجة الذكية هي من تعرف كيف تحتفظ بالزوج وأنه لا توجد امرأة واحدة بالعائلة كلها قد طلقت من قبل على الرغم من وجود أزواج أسوأ من هذا الزوج وألعن. وأنهما لن يسمحا أبدًا بالقيل والقال. والشفقة ومصمصة الشفاه على أخته زينة البنات. وأن البنت تخرج من بيت أبيها لبيت زوجها ومنه للقبر. فقال لنفسه: «لولا أنكما أبواي لكرهتكما ودعوت عليكما. اللهم اغفر لهما كما ربياني صغيرًا».

وعند دخوله منزله وجد زوجته تجلس بجانب الباب وفي عينيها كلام كثير وانتظرته يتحدث فلم ينبس بكلمة وفي عينيه ابتسامة كأنه يسعد بتركها هكذا دون أن يُشبع فضولها ويقول لها ما به. لم تتمالك نفسها وكادت تطق من الغيظ وهي تراه يتصرف بهدوء كأن لا يوجد أي شيء. سألته: «علامَ استقر. أستأمر أختك أن تذهب لصديقك الصيني هذا؟». فتعجب من تعبيرها وقال:

«ليس صينيًا؟!» فقالت: «أليس يظهر فجأة ويختفي فجأة وعليك تنفيذ أوامره مثل فيلم سور الصين العظيم».

فهز رأسه وأجاب: «هو اختفى زمان لأن والديه أرادا علاجه دون علم أحد بمرضه وظهر الآن لأنه أراد رؤيتي أنا وأختي فنحن أكثر من أحبهما بحياته».

– «ماذا قررت أن تفعل؟».

– «ستعرفين لاحِقًا، اتركيني.. أريد أن أنام ويا ليتك تحفظين هذه المقولة: من تدخّل فيما لا يعنيه سمع ما لا يرضيه، نامي أنا متعب».

وصلى ركعتي استخارة قبل النوم على قراره ونام..

واستيقظ في الصباح على صوت أخته تطلب منه أن يُخرجها اليوم في أي وقت ولو لخمس دقائق فقط وأنها قالت لزوجها، فهو في جميع الأحوال لا يبالي كثيرًا.

فطلب منها أن تجهز وأنه سيأخذها في مشوار.

وأخذها وذهبا للمستشفى وحين دخلا استقبلتهما الأم وفرحت وتهللت على الرغم من وجود الدموع على خدها..

– «كيف حاله اليوم؟».

– «الحمد لله على كل حال، الحالة تسوء.. رافض الأكل من عدة أيام

53

والأطباء علقوا له محاليل أكثر ومسكنات أكثر لكني كنت أدعو الله أن يراكما ثم يريحه الله».

سألت ليلى بصوت متوتر: «هل نستطيع الدخول؟».

فقالت الأم بفرحة: «طبعا يا حبيبتي».

كان نائمًا فنظرت ليلى لأخيها عمر تستأذنه أن تتكلم لتسمعه صوتها فيستيقظ وبالفعل فتح عينيه ونظر لأمه وقال: «أمي.. إني أرى ليلى الآن وأسمع صوتها.. يبدو أنني فقدت عقلي أيضًا»، وضحك:

– «أنا هنا سلامتك ألف سلامة ربنا يتم شفاءك على خير».

وقال عمر: «أجننت؟.. أتُضرب عن الطعام؟».

فيجيب: «حقًا أنا جائع الآن».

ليطلبوا له الطعام..

– «عندك كم طفل يا ليلى؟».

– «عندي ثلاثة، عمر ومحمد وعلي».

– «ما شاء الله.. لكني أعتب عليكِ ولا واحد على اسمي.. أتسمين على اسم أخيك وأنا لا؟».

فيضحك الجميع وتخجل ليلى وتتطور المقابلة على هذا النحو من

54

المجاملات إلى الغزل العفيف فيغلي الدم في رأس عمر ويسأل نفسه متعجبًا: «ماذا كان سيقول وهو ليس على فراش الموت؟!». ويهب واقفاً متحججًا أنهما يجب أن يتركاه يرتاح فقد أرهقاه بشدة ويستعدان للخروج وتقوم الأم معهما لإيصالهما وهي تحتضن عمر وتكاد تقبل يده على جميله هذا وأنها لن تنسى ذلك أبدًا، وعندما يصلان لباب الحجرة، ينادي الصديق على ليلى ويتشتت عمر بين الأم وليلى ولكنها لا تأخذ لحظات وتعود له. وفي طريق الرجوع يشكرها أنها طاوعته وقامت بهذا الجميل، فتجيب ليلى بل إنها هي التي يتوجب عليها شكره لأنه ساعدها في حل لغز مر بحياتها ولم تكن تعرف له إجابة وهو سر اختفاء الصديق الذي كانت تعرف أن قلبه متعلق بها وهي الأخرى لو كانت أتيح لها وقت أكثر كانت ستحبه كثيرًا وأنها حقاً تعتبر هذا اليوم من أسعد أيام حياتها، فيتجاهل عمر هذا التصريح الأخير.. ينتهي اليوم على خير ويوصلها بيتها.

في اليوم التالي يفاجأ بليلى تطلبه في الصباح وتطلب منه أن يصحبها معه إن كان ذاهبًا لزيارة صديقه فيتمالك أعصابه ويرفض بهدوء ويقول لها إنها أدت المهمة الإنسانية التي عليها وشكرًا وأكثر من ذلك تبقى قلة أدب.. وتحاول ليلى أن تبلغه شيئًا ولكنه رفض سماعها وأغلق الهاتف سريعًا.

وبعد قضاء يوم طويل يذهب للمستشفى في آخره متحاملاً على نفسه

ويحاول تحضير إجابة سريعة عند سؤال صديقه عن ليلى..

ولكن عند دخوله يعرف أنها النهاية وتمسك الأم بيديه وتبكي وتشكر الله على أنها لم تواجه هذا الموقف وحدها ورزقها إياه.

وتكون من أطول الليالي وأصعبها وينتهي كل شيء بالدفن بعد الفجر بحضور عدد لا يكاد يُذكر.

وبعدها يسأل والدة صديقة أن يوصلها لأي مكان فترتبك ولا تجيب، وعند إلحاحه تجيب إلى أي فندق فهي لا بيت لها، فهم كانوا تقريبًا مقيمين بالمستشفى.

وتطلب منه فقط أن يسأل عليها يوميًا حتى يعلم أنها ماتت عند موتها.

فيعتصر قلبه حزنًا فيصر أن يأخذها لبيته مع زوجته وأولاده على الأقل لعدة أيام حتى تنكشف الأمور.

في الصباح تعلم ليلى وتبكي بحرقة ثم فجأة تنهال باللوم على أخيها أنه تجاهلها وظن بها ما ليس بها.

ثم تفجر المفاجأة ألا وهي أن الصديق قد أعطاها مظروفًا مغلقًا قبل أن تترك الغرفة بدقيقة حين ناداها وحدها عند الوداع وطلب منها ألا تفتحه سوى بعد وفاته، وهي لم تركز لحظتها لأن كل همها كان اللحاق بعمر.

وحين استيقظت فجرًا تذكرت الخطاب ففتحته وفوجئت بداخله

بكارت محامي وشيك من هذا المحامي لها باسمها وبه مبلغ كبير ورسالة يقول لها فيها إنه لم يخالف شرع الله وإنه أودع لها ثلث ميراثه وأن هـذه الأمـوال هدية منه لها وعليها الاتصال بهذا المحامي لتخليص الإجراءات.

حين طلبت منه الذهاب للمستشفى كانت لترجع له المال وأنهـا الآن لا تعلم ماذا تفعل! !

فارتبك عمر وبعد قليل قال لها إن الأمر سهل وكل ما عليهم فعلـه هـو تسليم الأموال لوالدته.

ولكن الأم رفضت ذلك قطعيًا وقالت إن هذه من وصايا ابنها التي يجـب على الجميع احترامها وتنفيذها كما أوصى وإنها يكفيها أنها رأت ابنها يبتسم عند رؤيته لليلى وهذه بالدنيا ومـا عليهـا، غـير أنهـا هـي الأخـرى غنيـة ولا تحتاج لهذه الأموال أصلاً.

فيحتار عمر وليلى.. هل هذه الأموال حلال أم حرام وما يجب عليهم فعله؟!

ويشعر عمر أن قراره بأخذ أخته للمستشفى فتح عليهما أبواب الشيطان ويندم على قراره منذ البداية حيث لا ينفع الندم.

ولكن تطلب ليلى من عمر ألا يبلغ زوجها بأي من ذلك حتى لا يستولي على الأموال، وتطلب منه أن يترك الموضوع برمتـه لعـدة أيـام وينـساه حتـى لا

يجرح والدة صديقه في فترة الإقامة عنده.

وتبدأ ليلى بالمكالمات غاية في السرعة مع عمر وكأنها تتهـرب منـه وفي يوم لم تطلبه فقلق وطلبها ليطمئن عليها فرد عليه زوجها وقال: «اطلبهـا عنـد والديك، إنها غضبت وأخذت أشياءها هـي وأولادهـا وبمـا أنهـا ليسـت عنـدك فبالتأكيد عند والديك»، وقبل أن يغلق قال: «قل لهـا إنهـا فعلت خيـرًا بـترك المنزل ولكن يجب عليها أن تعـرف أنهـا لـن تعـود إليـه ثانيـة، فقـد سئمتها وسئمت شكواها المستمرة وإزعاجها وكنت قد قررت الزواج وكنت أبحـث عـن شقة فهي وفرت على مشقة البحث والمال»، ويغلق التليفون لـيجن عمر ويظـل يسب ويلعن هذا الحيوان القميء المثير للمعدة.. ومرة أخرى يعتب على والديـه وكيف رخصا أخته لهذا الحد!!

ويطلب والديه ليساند أخته هذه المرة أمام والديهما حتى لو طـرداه مـن رضاهما عليه وتبرأوا منه فليكن، يكفي هذا الظلم. ولكنـه فـوجئ أنهـا ليسـت هناك.

ولكنه تلقي رسالة من تليفونها المحمـول أنهـا بخـير وأنهـا سـتجيء لزيارته غدًا، وبالطبع لم ينم ليلته وظل بانتظارها إلى أن أتـت في المـساء لتأخـذ والدة صديقه لتعيش معها.

قالت إنها ليست من الورثة الشرعيين إذًا المال حلالها، بـل إن الله هـو

الذي أرسله لها فقد قضت الليلة التي سبقت زيارة المستشفى تبكي بعد المعركـة التي حدثت بينها وبين زوجها وإنه قد ضربها بعد مغادرة عمر وإنها اشتكت الجميع إلى الله من تخاذلهم في إنقاذها وتركها تواجه الغدر وحدها ودعت الله أن يرزقها بأموال كثيرة من حيث لا تـدري لترحـل عـن الجميـع بأولادهـا لتبـدأ معهم حياة هادئة وسعيدة، وإنها بكت كثيرًا ودعت أكثر ليحقق الله لها مـا لم يحققه أحد من البشر: «ادعوه يستجب لكم».

وإنها ذهبت للمحامي وأخذت المال والمحامي بناءً على وصية المتـوفى الرحيم ساعدها لإيجاد شقة مناسبة لها وساعدها في تجهيزها وشراء سيارة، والآن تقدمت برفع دعوى خلع على زوجها للأضرار التي سببها لها وبدأت مع المحامي وجمعية خيرية عمل مشروع خيري صغير كـصدقة جاريـة علـى روح المتوفى وهو عبارة عن مشروع تشغيل للنساء ولم يعد يتبقى سـوى والدتـه فهـو كما أكرمها حتمًا عليها إكرام والدتـه وسـتأخذها لتعيش معهـا ومـع أولادهـا وتخدمها ردًا لجميله.

وظل عمر في حيرة من أمره.. هل زيارة أخته لصديقه كانت حلالاً، هل أمواله التي كتبها لأخته حلال؟

عن أبي عبد الله النعمان بن بشير – رضي الله عنهمـا – قـال: سمعـت رسول الله – صلى الله عليـه وسـلم – يقـول: «إن الحـلال بـيّن والحـرام بـيّن،

59

وبينهما أمور مشتبهات لا يعلمهن كثير من الناس، فمن اتقى الـشبهات فقد استبرأ لدينه وعرضه، ومن وقع في الشبهات فقد وقع في الحرام، كالراعي يرعى حول الحمى يوشك أن يرتـع فيـه، ألا وإن لكـل ملـك حمـى، ألا وإن حمـى الله محارمه، إلا وإن في الجسد مضغة إذا صلحت صلـح الجـسد كلـه، وإذا فـسدت فسد الجسد كله، ألا وهي القلب» (رواه البخاري ومسلم).

علينا السعي وليس علينا إدراك النجاح

مدير التسويق العام لشركة فيليبس، بلجيكي الأصل تعرفت إليه خلال ورشة عمل لأحد المؤتمرات، كانت محاضرته عن التليفزيون ذي البعد الثالث الذي يباع حاليًا في الأسواق.

كان يقترب آنذاك من الخمسين من العمر وكان هذا في عام 2003

بعد كلمتي بالمؤتمر، فوجئت به يقترب مني ويضحك قائلاً: أما زال هناك منكِ في العالم؟

فلم تعجبني الكلمات ومنعت نفسي من النظر إليه شذرًا أو تجاهله احترامًا لسنه الكبيرة.

فقلت على مضض: ماذا تعني؟

فأجاب: هؤلاء الذين ما زالوا يحلمون أن السلام يجب أن يسود العالم وأن الخير ينتصر دائمًا في النهاية.

فبهتّ من الإجابة..

قلت: نحن عدد لا يُحصى.

فأجاب: عجبًا أن يكون من هي بثقافتك وتعليمك وتقرر أن تضيع عمرها هباءً في هذه الأوهام.

فلم أرد، لكنه استطرد سريعًا: أنقذي حياتك ربما فعلاً الخير هو من ينتصر دائمًا في النهاية ولكن هذه ستكون نهاية القصة وغالبًا يكون عمرك قد انقضى قبلها بسنين كثيرة ولا ترين هذه الحقيقة أو تعيشين هذه النهاية السعيدة.

فعرفت أنه لا يؤمن بالآخرة.

فسألته: ألا تؤمن؟

فأجاب: لا، لقد قرأت قليلاً عن الأديان لكنني لم أشترِ هذا الكلام كله، فكل دين ينكر الآخر.

فأجبت مع شفقة عليه وهو ربما على مشارف القبر: أنا لن أتحدث عن الأديان أجمع، أنا مسلمة وأؤمن بالله العادل وأؤمن بيوم القيامة حيث الله سيحكم بين عباده وأؤمن أن الموت هو موت للجسد المادي وليس الروح التي تتنعم أو تتعذب في القبر ثم في الآخرة؛ فنحن نعامل الله وليس الخلق، لهذا أفعل ما أراه صحيحًا بغض النظر عما كان أو سيكون، أو سواء وافقني الناس أم لا.

فضحك عاليا ورفع حاجبيه في عجب وقال: فكري ثانية، فالعالم يحكمه قانون الأقوى وليس قوانين الأديان السماوية.

فسألته: ألا تفعل الخير من أجل الخير مطلقاً؟

فأجاب: لا، أفعل الخير كثيرًا لأنه ينتابني بعدها شعور غريب داخلي بالسعادة والاطمئنان ولكن ليس من أجل الثواب مثلك. هذه هي طبيعة البشر مثل طبيعة الكون من شروق وغروب.

فسألته: ألم تفكر من الذي سن هذه القوانين وخلق البشر والكون الذي تتحدث عنه؟

فأجاب: لا تحاولي معي، لقد قلت لك إني لا أشتري هذا الكلام، أنا أستمتع بحياتي ثم سأموت وأُنسى مع الزمن، هذا كل ما أريد أن أعرفه، لا أفكر فيما لا أعرفه ممّا قد يحدث بعد الموت.

مالي أنا وما لا أعرف؟ أنا أهتم بالنتائج التي سأستفيد منها وأنا حي وأراها ملموسة أمامي.

فخاب أملي في تغيير رأيه.

فأنهى أخي الأكبر الحوار بقوله: نحن نتبع دينًا يأمرنا أنه لو كانت القيامة تقوم وفي يدك نبتة فلتضعها بالأرض، فربما ما رأيت نهاية هذه النبتة ولا كان هناك وقت بعدها لتشعر بالسعادة أو أي شعور آخر أو ليستفيد من زراعتك أي شخص، ولكننا لا نفكر بكل هذا نحن نفعل الخير لأن الله أمرنا بذلك، نحن علينا السعي وليس علينا إدراك النجاح.

أطفال الغربة

ما معنى الانتماء؟ ما معنى الولاء؟ ما معنى الوطن؟ ما معنى الجنسية؟ ما معنى الهوية؟

ترى فتاةً من بعيد فتحتار أهي تركية أم شامية، لها ملامح عربية، إلى أن تسمعها تتحدث الإنجليزية.. لا، هي بالتأكيد أمريكية، وتفاجأ بها تترجم للعربية.. لا، هي عربية إذًا؟! تقترب منها أكثر لتسألها عن شيء، فتجدها تبتسم لك وتظنك مكسيكيًا فتحدثك بالإسبانية. فترد أنت بالإنجليزية أنك لا تفهم وأنك تفضل العربية. فحين تتحدث العربية تفقد الصواب تمامًا، فعربيتها عجيبة بعض الكلمات تنطقها فصحى وأخرى تنطقها بلكنة أمريكية وأخرى تنطق بلكنة شامية على مغربية ولكن المعظم بالمصرية العامية.

فتسألها: من أين أنت؟

الفتاة: أنا مصرية الوالدين، دخلت مدرسة أمريكية عادية لكني نشأت ببيئة المسجد العربية، فتجد لغتي العربية مختلطة بلكنات عدة دول عربية.

أنت: كم لغة تتحدثين؟

الفتاة: أتحدث العربية بالطبع والإنجليزية والإسبانية والصينية.

أنت: ولمَ تعلمت كل هذه اللغات؟

الفتاة: لأني مصرية، فعلمني والدي العامية لأحدث أهلي والفصحى لأقرأ المصحف، ولأني بأمريكا يجب أن أتحدث الإنجليزية والإسبانية حتى يتسنى لي الحياة في أي ظروف ومع أي بشر هنا في أمريكا، وتعلمت الصينية من التليفزيون وأنا صغيرة ومن صديقاتي الصينيات، اللاتي يعمل آباؤهن هنا في المصانع والجامعات.

أنتَ: كم أنتِ محظوظة، كم أتمنى لو كنتُ تعلمت كل هذا!!

الفتاة (مع ابتسامة): أتعجب مَن منا المحظوظ حقاً، فأنت بنشأتك في مصر لم تضطرك الظروف للحاجة لتعلم كل هذا حتى تستطيع أن تعيش، فأمي جعلتني أحفظ كلمة «المياه والطعام» بلغات كثيرة حتى لا أجوع أو أعطش لجهلي باسمها إن وُجدت بمكان مع أناس لا أعلم لغتهم.

أنتَ: أنتِ محظوظة، فأنتِ تحتفلين بأعياد البلدين وتحضرين هذه المهرجانات التي تتم بالشوارع.

الفتاة (مع ضحكة): الحقيقة في أمريكا حتى الآن لم تتفق المساجد على مواعيد الأعياد، فتجد كل مسجد يحتفل بالعيد في ميعاد مختلف!! مع الأسف عادةً أعيادنا كمسلمين تكون أيام دراسة وعمل فلا نحتفل بها، أما المهرجانات التي تتحدث عنها فيكفي أن تحضرها مرة في العمر ثم تملها ولا تغادر منزلك لحضورها خاصة مع سوء الأحوال الجوية بأي حال، فالجو هنا إما ثلج أو

يغلي!!

أنتَ: أنتِ محظوظة؛ فالتعليم بالتأكيد بطرق أكثر تشويقًا ويميل للتطبيق أكثر فيجعل حياتك أسهل وأكثر تسليةً.

الفتاة: نعم، معك حق، ربما هذه هي الحسنة الأساسية في الحياة هناك، ولكن في المقابل أنا دفعت ثمن حضن جداتي ومتعة اللعب مع أبناء أعمامي وأخوالي، فهم دائمًا ينظرون لي على أني غريبة ولست منهم على الرغم من أني لا أشعر بذلك وأنا شكلهم، والأغرب أني في أمريكا أشعر أني غريبة مع أنهم لا يشعرون بذلك، فهناك الكل غريب، هي بلد من لا بلد له، لكني لي بلد.

أنتَ: أنتِ بالتأكيد وأنتِ طفلة كان عندك لِعَب لم نرَها نحن حتى وهذا يجعل لك طفولة سعيدة.

الفتاة (وهي تضحك): نعم، ولكن صدقني لا يهم اللعب، فلن تجد أي متعة للعب إن لم تجد من يلعب معك ويجعل للعبة معنى وقيمة، غير ذلك ستكون قطعة بلاستيك تكسرها في النهاية ولا تتذكرها، ولكنك بالتأكيد دائمًا ستتذكر الأيام التي لعبت فيها مع أقاربك وأصدقائك ولن تنساها أو تنساهم ما حييت. الطفولة السعيدة تعني مشاعر سعيدة. والمشاعر يجب أن تنمو بين أشخاص وأشخاص وليس الأشخاص والأشياء. فعادة المشاعر التي تنمو بين

الأشخاص والأشياء تكون إما مشاعر تملّك أو حرمان فقط لا أكثر. أما بين الأشخاص والأشخاص فينمو كل أنواع المشاعر ! !

أنتَ: كلامِك به حزن وألم وربما حرمان، كأنك تبحثين عن شيء؟

الفتاة: أبحث عن وطن.. وطن لن أجده أبدًا سوى برأسي! ! فعلى الرغم من حياتي فترة طويلة ببلدين مختلفين، أصبحت المقارنة شديدة بينهما، فأجدني أتمني بلدًا ثالثًا مختلفاً عنهما، به ما أحبه في كليهما ولا أجد ما أكرهه فيهما. سأظل أشعر بالغربة دائمًا، رغمًا عني أشتاق لهذا البلد وذاك..

ثم تضحك ساخرة: أنا أعلم أن هذا الحلم خطأ، فأمي دائما كانت تقول لي: لا تحلمي حلما يعتمد على الآخرين إذ لا تستطيعين تحمل المخاطرة، فالآخرون في الحلم إما أن يفوقوا أحلامَك أو يدمروا حلمك تمامًا، فما بالك بمن يحلم بوطن؟!

لقد جعلتني ابنتي أحبني

عنوان غريب أليس كذلك؟

ولكن لمن يعرفني شخصيًا من سنين طويلة يعرف أني دائمًا على خلاف مع نفسي ودائمًا بداخلي غضب من نفسي أسكبه على نفسي أيضًا.

كلما فعلت شيئًا مهما كان رائعًا شعرت بعدم الرضا عن أدائي وعن نفسي.

دائما أشعر أنه كان من الممكن أن أفعل أفضل من هذا: أرد بكلام أذكى، أظهر بشكل أرقى، أكتب بأسلوب أجمل، أعبّر بكلمات أرق.. وغيره وغيره من الكلمات الدائمة التي ألوم بها نفسي.

ومن الأشياء التي حاولت تغييرها وما فلحت هي ضحكتي، أحيانًا أشعر أنها عالية أو صاخبة ومميزة جدًّا لدرجة تجعلني أخجل.. إلى أن رأيت ابنتي تحاول تقليدها.

ومنذ أن بدأت ابنتي تكبر وهي تقوم بالتعلم بتقليدي في جميع الأشياء حتى المشية وتحب جدًّا ارتداء أحذيتي.

حين سمعتها تضحك ضحكتي أحببت ضحكتي لأول مرة بحياتي.. وحين رأيتها تمشي مشيتي أحببت مشيتي.

وبالأمس شعرت أني أرى نفسي بعينها... لأول مـرة منـذ أن وعيـت أشعر أني أحب نفسي!!

فعلاً، لقد جعلتني ابنتي أحبني..

حكايتنا مع أولاد العم في بلاد العم سام
" حكاية عيد الهانوكا "

حكاية اليوم ليس بها بطل يهودي حقيقي ملموس كالحكايات السابقة ولكن هذه الحكاية ستحتوي على ظلهم بصورة عامة وتجربة شخصية مؤلمة جدًّا بصورة خاصة.

حكاية اليوم بطلتها ابنتي، في يوم عادت من الحضانة وكانت وقتها عندها 3 سنوات ونصف السنة فقط ووجدتها تحمل رسمة هي رسمتها بالمدرسة، الرسمة كانت للشمعدان الإسرائيلي! !

الحقيقة أول مرة أشعر بضغط عالٍ ودم يغلي في رأسي وكل أطرافي ووددت لو ظللت أخبط رأسي بالحائط حتى ينشق وتزهق روحي؛ فبالتأكيد الموت أرحم من الألم الذي ألمَّ برأسي لحظتها ووجع قلبي، ولكن الأيام علمتني أن أملك نفسي وأتحكم بأعصابي جيدًا حين تلم بي مصيبة أحتاج عقلي ليتصرف، فأهدأ حتى لا أخطئ خطأً جسيمًا أندم عليه طوال حياتي حيث لا ينفع الندم، وأنهار بعد ذلك كيفما أشاء.

فابتسمت وأخذت ابنتي بالحضن وأجلستها على حجري مثلما أفعل كل يوم عند عودتها من المدرسة أسألها عن يومها وأسمعها جيدًا تسرد لي حكايات اليوم وما حدث وما قالت وما قيل لها وما دار من اليوم من ألعاب مع

صديقاتها وأصدقائها بالمدرسة، وتصرفت كما العادة كأن شيئًا لم يكن حتى لا أشعرها بالمرة بالشرخ الذي حدث بداخلي لحظتها!!

وبدأت أسألها عما فعلته أيضًا من أعمال فنية أخرى غير هذه. فوجدتها فرحة جدًّا بها ومهتمة بها اهتمامًا خاصًا فتركتها بحريتها تحكي وأنا أسمع والدخان يتصاعد من أذنَيّ..

سألتني: كم شمعة تلك يا مامي؟

فقلت: 9.

أجابت: خطأ يا مامي حاولي مرة أخرى.

فابتسمت ثانية وعددتهم أمامها وقلت: 9.

قالت: لا يا مامي، هي ثمانية وواحدة.

فقلت: كيف؟

فوجدتها تعد من الناحية اليمني 1 2 3 4 شمعات، ثم من الناحية اليسرى 5 6 7 8 شمعات، ثم أشارت إلى التي في المنتصف قائلة وهذه واحدة.

فسألتها وما يميز تلك عن الأخريات.. لماذا لم تحسبيها معها؟

قالت: انظري يا مامي هذه أعلى من الأخريات، إذًا هي وحدها.

فسألتها: وما هذه الشمعات؟

أجابت بأسلوب «كيف لا تعرفين وانتِ مامي» : هذه هـي «المـانورا» يـا مامي، «عيد النور».

فابتسمت وحاولت ثانية أن أصرفها عن الموضوع لموضوع آخـر، فقالـت بتلعثم يدل على أنها لم تلتقط كل الحكاية وقالت هي عـن نـاس ذهبـوا لأنـاس آخرين وجدوهم يلعبون بتلك التسع شمعات، هي إيه بقيـة الحكايـة يـا مـامي تاني؟

فلم أتحمل وحقيقةً أنا لم أكن أعلم أي شيء عن هذا العيد سوى أني أرى هذا الشمعدان على بعض المطاعم أثناء احتفالات الكريسماس وأعـرف أنـه عيـد يهودي والسلام.

ولكن بالطبع بعد ما حدث كان يجب أن أعرف كل شيء بالتفصيل.

وعند البحث وجدت هذه المعلومات :

عيد التدشين، هو الاسم العربي لعيد «حانوخه» (أو الهانوكـا)، وهـي كلمة عبرية معناها «التدشين». ويـستمر عيـد التدشـين ثمانيـة أيـام بـدءًا مـن الخـامس والعـشرين مـن كـسلو (يقابـل ديـسمبر) حتـى 3 تيفت. والمناسـبة التاريخية لهذا العيد هي دخول يهودا الحشموني (أو المكابي) القدس وإعادتـه للشعائر اليهودية في الهيكل. من هنا كانت تسميته بعيـد التدشـين. ويُقـال إن يهودا المكابي، حينما دخل الهيكل، وجد أن الزيت الطاهر الـذي يحمـل خـتم

الكاهن الأعظم لا يكفي إلا يومًا واحدًا (وكان من الضروري أن تمر ثمانية أيـام قبل إعداد زيت جديد كما تقضي التوراة). فحدثت المعجزة، واستمر الزيت في الاحتراق مدة ثمانية أيام بدلاً من يوم واحد. ولذلك، صُمِّم لهذا اليوم شمعدان «مينوراه» خاص من تسعة أفرع، فتُوقَد شمعة في الليلة الأولى، ثم تُضاف ثانيـة في اليوم التالي، وهكذا حتى اليوم الثامن. وتُقرَأ بعض الفقرات من سفر العـدد، ثم يُضاف وصف لمعجزة الحانوخه في تلاوة العميداه أثناء الصلاة.

وقـد قـرر الحاخامـات أن تُقـرَأ فقرات مـن سـفر زكريـا (4/6): «لا بالقدرة ولا بالقوة بل بروحي قال رب الجنود». وقد أراد الحاخامـات بـذلك أن يقللوا من شأن الجانب العسكري للعيـد، وأن يركـزوا علـى الجانـب الروحي. ولكن العكس يحدث الآن في الأوسـاط اليهوديـة تحـت تـأثير الـصهيونية، وفي الدولة الصهيونية على وجه الخصوص، إذ يبالغون في الاحتفال بهذا العيد وفي تأكيد الجانب القومي.

وعيد التدشين ليس في الواقع من الأعياد التي وردت في العهـد القـديم. وقد كان هذا العيد عيدًا بلا أهمية كبيرة؛ ولذا فهو العيد الوحيد (باستثناء عيد النصيب) الذي لا يحرم فيه العمل. وكان يحتفل به بطريقة بسيطة جدًا، فتوقد شمعة واحدة في أول يوم، ثم شمعتان في اليوم التالي، وهكذا إلى أن توقد الشموع الثمانية. وكان رب الأسرة يتلو دعاء، وتنشد الأسرة أغنية بسيطة لشكر الإلـه

يشار فيها إلى السلوقيين بوصفهم «الكلاب» (حرفيا: العدو الذي ينبح). وكان الأطفال يلعبون لعبة بسيطة. ولم تكن أيام عيد التدشين تختلف عن أيام الأسبوع الأخرى. ولكن العيد بحكم توقيته (الخامس والعشرين من ديسمبر) يقع في الفترة نفسها التي يحتفل فيها المسيحيون بأهم أعيادهم (عيد الميلاد).

ولما كان أعضاء الجماعات اليهودية يكتسبون هويتهم من خلال الحضارة التي يعيشون بها، فإن عيد التدشين يكتسب أهمية خاصة، حتى صار هذا العيد غير المهم من أهم الأعياد على الإطلاق وأصبح صدى لعيد الكريسماس. فهناك المينوراه المقابل لشجرة الكريسماس، كما أن الهدايا تعطى للأطفال في ذلك العيد. وقد تمت علمنة العيدين بحيث تحولا إلى مناسبتين للمرح واللعب. بل بلغ تقليد الكريسماس إلى حد أن الأدعية التي كانت تتلى في عيد التدشين والأغاني والألعاب التقليدية لأطفال اليهود اختفت تقريبًا وحل محلها ما يسمى «شجرة الحانوخه» (التدشين)، وهي تعادل شجرة الكريسماس. وهناك «العم ماكس رجل الحانوخه» الذي يوزع الهدايا، وهو مقابل سانتا كلوز. ومن الطريف أن العيد، بعد أن فقد هويته اليهودية تمامًا، ينظر إليه باعتباره أهم تعبير عن الهوية اليهودية.

ويحتفل بالعيد في إسرائيل على أنه عيد ديني قومي، فتوقد الشمعدانات في الميادين العامة، وتنظم مواكب من حملة المشاعل. وأثناء

الاحتفال، يصعد آلاف الشبان إلى قلعة ماسادا.

فعلمت أنه ليس عيدًا أقره سيدنا موسى ولا كان في الـشريعة اليهوديـة إنما هو للحفاظ على الهوية اليهودية أمام عيد الكريسماس!!

وبعد أن لهيـت ابنتي وشـغلتها تخلـصت مـن الرسمـة دون أن تـشعر وقمت بمحادثة مدرستها على الفور وسـألتها إن كانـت يهوديـة أم لا فأجابـت بـ«لا»، وسألتها إن كان أي من المدرسات كـذلك فأجابـت بـالنفي أيـضا ولكنهـا قالت إن هناك بعض الأطفال يهود، فسألتها إذًا لـماذا تدرسون لهـم أشيـاء عـن الدين فأجابت إنهم لا يفعلـون ذلـك وإن هـذا هـو عيـد النـور العيد المصاحب للكريسماس وعيد يحتفل به العالم أجمع.. فسألتها إن كانوا قصوا على الأطفال قصصًا تتعلق بالدين المسيحي فأجابـت بـالنفي فاغتظت بـشدة وقلـت لهـا إنـي سألت حين ألحقت ابنتي بالمدرسة إن كانوا يدرسون أي شـيء يتعلـق بالأديـان فأجابوا بالنفي وعلى الرغم من ذلك قلت لمدير المدرسة إن ابنتي مسلمة وإنـي لا أحب أن تسمع أي شيء عن أي دين آخر حتى لا يحدث لها ارتباك في عقيدتها في مثل هذه السن المبكرة وعليه فإنه غير مقبول أن يحدثوها بقصة تحكـي عـن كهنة معبد يهودي أو رهبان أو أي من هذا القبيل.

فاعتذرت ووعدت أن هذا لن يحدث ثانية لكني حقيقةً كنـت مـا زلـت مغتاظة فلم أنهي المكالمة وإنما زدت في لومها وسألتها: مـا دمـتم تحكـون عـن

الأديان فلماذا لم تحكوا عن الأعياد الإسلامية خاصة أن العيد الكبير كان من أسبوع وقبله بوقت قصير كان شهر رمضان الذي انتهى بعيد الفطر، ألم تسمعي عن هذه الأعياد؟

فأجابت: بلى، ولكنهم يحتفلون بالأعياد التي تعترف بها الحكومة وتضعها في جدول الدراسة ولم يأتِ لهم بأي شيء يدل على الاحتفال بهذه الأعياد.

فأخرستني؛ فعلاً هناك مشكلة منذ زمن على تحديد الأعياد الإسلامية بأمريكا حتى إنه أحيانًا تجد مسجدًا أعلن الإفطار وصلى العيد وتجد آخر أفطر وصلى باليوم التالي!!

فأجبتها إني على استعداد للحضور للمدرسة بشخصي وعمل مقدمة عن أعياد المسلمين وشرائعهم.

فردت أن القرار ليس بيدها لأنها ليست المدرسة الرئيسية للفصل وعليّ أخذ موافقة المدير أيضًا.

فشكرتها وحذرتها من تكرار ذلك مرة أخرى حتى لا يتسببوا بضرر للبنت وهي في مثل هذه السن الصغيرة.

ولكن عندما حكيت لزوجي ما حدث غضب بشدة، وقال إن القوانين في أمريكا تمنع أن أسأل أي شخص عن دينه وإنه كان يتوجب عليّ إدارة الحديث

بأسلوب أذكى من المواجهة المباشرة على هـذا النحـو، وإن ذلـك قـد يتـسبب في اضطهادهم للبنت لاحقًا ومضايقتهم لها.

فقررت مراقبة الوضع وعلمت من ابنتي بعد ذلك أنـه أحيانًا تجلـس المدرسة معها وحدها في حجرة اللعب، فقلقت وحـين سـألت المدرسـة أجابـت أنهم كانوا يحكون قصة خافوا أن أعتبرها دينية فجنبوها سماعها إياها.

فشكرتها كثيرًا على الوفاء بوعدها.

ولكن منذ ذلك اليوم وأنا أدعو أن يكون ابنتي وأولادها وكل من يأتي من بعدي أن يكونوا مؤمنين على الدين الإسلامي الحنيف وبـدأت مـع ابـنتي منـذ ذلك اليوم بتحفيظها كل شيء بالعربية والإنجليزية حتى يتسنى لها الحـديث عن الدين الإسلامي بالإنجليزية أمام أصدقائها بعد أن كنت أركز فقط على اللغة العربية وربط أي شيء يرتبط بالدين باللغة العربية فقط، فأصبحت تعلم من هو سـيدنا محمـد بجمـل قـصيرة مختـصرة بالإنجليزيـة وقـصص بعـض الأنبيـاء وترجمة السور التي تحفظها بالإنجليزية حين تطلب ذلك على الرغم مـن أنـي كنت أرفض ذلك في السابق وأصر على تفسيرها بالعربية فقط.

ولكن لن أخفي أني خفت، خفت جدًا، شعرت أن أحدًا يحاول خطـف ابنتي من حضني وقتلها أمام عيني وبعض الأحيان لُمت نفسي على أني حدثت المدرسة واحترت إن كان يجب عليّ أن أتجاهل الموقـف اعتمـادًا علـى أن ابـنتي

77

صغيرة وبالتأكيد ستنسى؟

وحين سألت أصدقائي الذين لهم أبناء يكبرون ابنتي بعدة أعوام انتقدوا ذلك بشدة وقالوا إن المدرّسة بالغت.

وبعد ذلك بعدة أشهر كان هناك قضية تشغل الرأي العام الأمريكي وكانت البرامج الحوارية تدار حول هذا الموضوع على كل القنوات تقريبًا وكانت عن مدرس بإحدى المدارس - أعتقد الإعدادية - تم فصله ومحاكمته لأنه أعطى لكل طلبة فصله أقلامًا مكتوبًا عليها آيات من الإنجيل وأن هذا مخالف للقوانين لأنه قد يؤذي مشاعر بعض الطلبة الذين لا يعتقدون بوجود إله - أستغفر الله العظيم - صحيح أنه لم يكن أي من الفصل هكذا ولكن ربما فلِمَ يفرض على أحدهم قراءة أشياء تخالف عقيدته ويجرح مشاعره؟! هذه كانت التهمة الموجهة إلى المدرس.

عندها تأكدت أني لم أكن مخطئة بل ربما كان يجب عليّ الذهاب لتسجيل محضر ضدهم بالقسم وإغلاق المدرسة.

ويجب أن أعترف أيضا بشيء آخر داخَل نفسي، لو أن المدرسة أجابت بأنها يهودية ربما كان هدأ ذلك من روعي ولكن ظل سؤال حتى الآن لم أفهمه لماذا تقوم مدرسة بتدريس أشياء عن دين غير دينها، فحين تدرس عن دينها فإن ذلك مفهوم.

عمومًا، أعتقد أن المشكلة تكمن في أني في بلاد غير بـلادي وأعـيش مـع أناس غير أهلي، لا أعرف كيف يتعاملون مع الأديان الأخـرى، فأنـا شخصيًا حدث لي موقف مماثل حين دخلت المدرسة، أدخلتني مُدرّستي ميس ليندا إلى فصل الدين المسيحي لأني كنت أقول اسمي إنجي سمير فقط حينهـا وصديقتي كانت ماري، وعلم والدي هذا حين رآني أعود له بكتاب الدين المسيحي للمنزل فذهب والدي ووضح الأمر لمس ليندا وأذكر أنه تعامل مع الموقف بهـدوء شـديد ولم ينزعج بالمرة، ولم يخَف أن تـضطهدني مدرستي مثلمـا فعلـت أنـا، حـين سألته عن الفرق أجاب كلها أديان هـدفها واحـد في النهايـة ولكـن مختلفـة في طريقة العبادات، وحين سألته عما إذا كان يجب أن أترك أعز صديقاتي لأنهـا على غير ديني؟ فأجاب بالرفض القاطع.

وللشهادة فإن مـس ليندا ظلـت تحـبني وتتابـع أخبـاري حتـى بعـد تخرجي في الجامعة وكانت دائمًا تفتخر بي وتدعو لي وأنا سـأظل أحبهـا مـا حييت وأتذكرها وأتذكر أفضالها عليّ إلى يوم وفـاتي؛ فهـي مـن أكثـر مَـن أثـر بحياتي.

فعلاً، ربما سبب فزعي هو الخوف من المجهول فقط لا أكثـر ولا أقـل ومن تجربة لم أرَها ولا أعرف منتهاها وكيف يمكن أن تؤول في النهاية وكيف تؤثر على ابنتي.

وختامًا لأنه لا ملجأ لي سوى الله فأدعو كما دعت امرأة عمران والدة السيدة مريم: «إني أعيذها وذريتها من الشيطان الرجيم».

وأدعو كما دعا سيدنا إبراهيم – عليه السلام:

«رَبَّنَا تَقَبَّلْ مِنَّا إِنَّكَ أَنْتَ السَّمِيعُ الْعَلِيمُ * رَبَّنَا وَاجْعَلْنَا مُسْلِمَيْنِ لَكَ وَمِنْ ذُرِّيَّتِنَا أُمَّةً مُسْلِمَةً لَكَ وَأَرِنَا مَنَاسِكَنَا وَتُبْ عَلَيْنَا إِنَّكَ أَنْتَ التَّوَّابُ الرَّحِيمُ».

«رَبِّ اجْعَلْنِي مُقِيمَ الصَّلاةِ وَمِنْ ذُرِّيَّتِي رَبَّنَا وَتَقَبَّلْ دُعَاءِ * رَبَّنَا اغْفِرْ لِي وَلِوَالِدَيَّ وَلِلْمُؤْمِنِينَ يَوْمَ يَقُومُ الْحِسَابُ».

المصدر: موسوعة اليهود واليهودية والصهيونية للدكتور عبد الوهاب المسيري

الفرق بين الحب وحب التملك

الحب هو حب الطرف الآخر وإسعاده..

وحب التملك هو حب الذات واستغلال الطرف الآخر لإسعاد الذات.

الحب هو أن تفعل الشيء لترى البسمة على وجه حبيبك وإن لم يعرف أنك سبب هذه البسمة، يكفيك بسمته، تسعدك بسمته.

أما حب التملك فهو أن تفعل الشيء وحين ترى البسمة تُعلِم الطرف الآخر أنك سببها ليكون ممتنًا لك، لا يكفيك بسمته إنما يكفيك شعور الامتنان لذاتك، وأحيانًا يتطور الأمر إلى تذكيره بين الحين والآخر، ثـم تـذكيره في كـل حين، وهذه أكثر الطرق ذوقًا في الذل!!

الحب هو أن تكون على استعداد أن تدمر حياتك بيدك لو كـان في ذلك سبب لإسعاد حبيبك.

أما حب التملك فهو أن تكون على استعداد أن تدمر حياة الطرف الثاني لو لم يعترف بفضلك وبأنك سبب سعادته!!

الحب أن تشعر بكل السعادة تأمرك وأنت بجانب حبيبك حتى لو مـن بعيد أو لم يكترث لوجودك أو حتى شعر به.

أما حب التملك فهو أن تجبر الطرف الآخر أن يظل إلى جوارك حتى لو

81

لم يسعده ولا يسعدك ذلك!!

الحب هو أن تشعر أن حبيبك هو أهم شخص بحياتك.

أما حب التملك فهو أن تفرض على الطرف الآخر أن تكون أهم شخص بحياته.

الحب هو أن تجلس مع أناس لا تحبهم وتحاول حبهم لحب حبيبك لهم.

أما حب التملك فهو أن تمنع الطرف الثاني ممن يحبهم لأنه يحبهم.

الحب الصادق يعطي شعورًا بالأمان والطمأنينة والرضا.

أما حب التملك فيعطي غيرة وقلقًا وشكًا.

الحب يُعبَّر عنه بالتصرفات والمواقف قبل الكلام ولا يُتَوَقَع غير ذلك بالمشاعر، والقلوب لا تُقَدّر ولا يُعبَّر عنها بغير ذلك فلا شيء قد يُثَمِّن هذه المشاعر.

أما حب التملك دائمًا فيُعبَّر عنه بالهدايا والماديات والملموسات!!

الحب أن تهب حبيبك كل الحرية حتى لو كلفك ذلك حريتك كلها.

حب التملك أن تسلب الطرف الآخر كل حريته وتمتلكه حتى لو كلفك ذلك حريتك فقط لشعور التملك..

وكما قال إحسان عبد القدوس: «شيء اسمه الحب وشيء اسمه غريزة التملك، وبين الحب وغريزة التملك «خيط رفيع.. رفيع جدًّا.. إذا ما تباين تكشف لك الفارق الكبير ! !».

ولأن ما في القلوب لا يعلمه سوى مقلّب القلوب، فكل شيء قد يُفسر ليوحي عكسه، فمثلا حرمان الشخص الطرف الثاني من أحبائه قد يفسره المحب على أنها غيرة، وعجبت لفخر بعضهم بذلك؟!

وقد يفسر الطرف الذي يقوم بمراقبة الطرف الثاني على أنه يحميه فالطرف الثاني طيب ولا يعلم ما يضمره الناس من خبث! ! وأتعجب أنه لا يضم نفسه في تلك القائمة ولا يفسر ذلك على أنه شك وعدم ثقة في الذات قبل أن يكون شكاً وعدم ثقة في الطرف الثاني.

بل أضحكني يومًا حين وجدت شخصًا يراقب الطرف الثاني لا غيرة ولا شكاً ولا حبًا بل حتى يطمئن أن الطرف الثاني لا يعلم ما يفعله هذا الشخص من خيانات ويكون على علم فوري بما يصل الطرف الثاني من معلومات حتى يتسنى له التصرف قبل فوات الأوان... وإن حاورته وطلبت منه ترك الطرف الآخر ما دام يعلم في قرارة نفسه أنه لا يحبه، يجيبك بالرفض القاطع قائلاً: «ربما أنا لا أحبه لكني متأكد أنه يحبني حبًا صادقًا وهو الوحيد الذي أصدقه فلو حدث لي شيء لن يتركني ويتخلى عني»، أشعر حينها بالشفقة عليه فهو

لا يعرف أن الذي يحب حبًا صادقًا هكذا بالتأكيد سيقف بجانبك وقت ضعفك مهما كلفه ذلك وأنك لا تحتاج لاستعباده العمر كله من أجل ذلك ولكن مَن تُحدّث فمن تَمَلَّكه حب التملك لا يعرف الحرية.. وله في خلقه شئون! !

ومرة أخرى أقتبس من مقدمة رواية الخيط الرفيع للكاتب إحسان عبد القدوس: «وإني أحذر القراء من أن يحاولوا البحث وراء هذا الخيط، أو يتساءل كل رجل منهم إن كانت فتاته تحبه أو فقط تحرص على أن تمتلكه، أو تتساءل كل فتاة إن كان رجلها يحبها حقيقة أم فقط يتباهى بامتلاكها ليرضي غريزته. ويوم يبحث الجميع وراء الخيط الرفيع ويعم هذا التساؤل، تشقى النفوس، ويتبين أن 90٪ من الزيجات أو العلاقات التي تبدو سعيدة ليس للحب دخل فيها، إنما هي سعادة وهمية تقوم على حرص كل منهما على امتلاك الآخر.. وأن كلا منهما على استعداد ليخون الآخر مع حرصه على امتلاكه، فإن غريزة التملك لا تحول دون الخيانة بل تدفع إليها...».

«وصدقوني عندما أحذركم من البحث وراء الخيط الرفيع، فإن كل من تتكشف له نفسه ونفوس الناس يشقى بها وبهم...».

حكايتنا مع أولاد العم في بلاد العم سام
" حكاية الكاميرا "

أعتقد أن جميعنا حين شاهدنا مسلسل «رأفت الهجان» لم يتخيل أي منا يومًا أنه قد يتعامل مع مثل هذه الشخصيات التي عُرضت بالمسلسل على أرض الواقع، بل منا من تخيل أنهم يبالغون في أوصاف الشخصيات وطريقة الكلام ونطق الحروف ليعمقوا التأثير الدرامي ويصبح له شعبية أكثر. ولكن حدث يومًا وفوجئ زوجي أنه يقابل شخصًا يشبه شخصيات هذا المسلسل على الطبيعة وفي الحقيقة.

بدأت الحكاية بأن أحد أصدقاء زوجي كان يريد بيع كاميرا أحد أقاربه، وعلم أماكن بعض المحلات في نيويورك سيتي التي قد تكون مهتمة بشراء هذه الماركة من الكاميرات. فذهب هو وزوجي يوم السبت ولكنهم وجدوها مغلقة فشكوا أنها محلات لأبناء العم. وذهبوا مرة أخرى يوم الأحد وبالفعل كانت شكوكهم في محلها حين دخلوا المحل فوجدوا اليكمات (اسمها الحقيقي كبة أو اليرمولك)، والقبعات وحين وضّحوا ما يريدون لسيدة مسنة من الذين يديرون المحل، نادت على شخص متخصص من الداخل بـ«جاااااك.. يا جاااك»، بصوت عالٍ ففوجئوا برجل كبير في السن يشبه الخواجة «سوسو ليفي» في مسلسل رأفت الهجان بالضبط بقميص أبيض بياقة صفراء. ويداه مغطاة

بالأكمام السوداء كالتي كان يلبسها موظفو المخازن والأرشيف في مصر في السبعينيات، وأيضًا تلك النظارة المستديرة الشهيرة التي تكاد تقع من على الأنف وهو ينظر لهم من تحتها مع تحريك الرقبة. فشعروا فجأة أنهم في الموسكي وليسوا بنيويورك سيتي.. ثم أمسك الكاميرا وظل يقلبها ويتفحصها جيدًا وتعلو وجهه ابتسامة بما وجد. فتفاءلوا وظنوا أنه سيشتريها بسعر جيد ولكنهم فوجئوا به يعطي سعرًا أقل ومحددًا ورفض زيادته فرفض صديق زوجي البيع وقرر الذهاب للمحال الأخرى فرد بهدوء وثقة أنه لن يجد محلاً يعطيه سعرًا أفضل من ذلك. وحين ذهبوا للمحال أخرى وجدوها كلها ملكًا لأولاد العم وفوجئوا أن الكثير من هذه المحال رفض الشراء من الأساس. والآخرين لم يعطوا سعرًا أعلى. فشكّوا أن صاحب المحل الأول قد قام باتصالاته واتفق مع بقية أصحاب المحلات. فعادوا للمحل الأول وحاولوا مرة أخرى لرفع السعر. فرفض بحجة أنه يريد أن يكسب مثلهم وظل يفاصل كأنه حقًا يقتطع من لحمه. وتحدث بنفس طريقة الانكسار والتذلل كالتي يتحدثون بها عن الهولوكوست؛ فتراجع صديق زوجي وقال لصاحب المحل إنه عليه العودة للمنزل وإبلاغ قريبه وأخذ موافقته على هذا السعر. ومصادفة كان زوجي مرتديًا قميصًا عليه خريطة مصر. فعرض صاحب المحل أن يكلم قريبه في مصر من تليفون المحل. فقال صاحب المحل إنه عنده خط دولي يستطيع طلب مصر فتأكدت شكوكهم بأن الكاميرا بالتأكيد تساوي أكثر من ذلك؛ يكفي أنه سيكلف

نفسه مكالمة دولية لمصر! ! فوجدوه سريعًا رفع السماعة وقال: «أليس رقم مصر تسعمائة وحاجة؟»، فرد زوجي سريعًا: «لا، هذه أكواد الـدول الحديثـة في المنطقة بثلاثة أرقام أما كود مصر فيتكون مـن رقمـين فقط وهـو (02)» فكـود تليفون إسرائيل هو 972. وكود فلسطين هو 970.

فاغتاظ البائع واحتقن وجهه ولكنه تمالك أعصابه واستمر الحديث كأن شيئًا لم يكن وعلت وجهه ابتسامة خفيفة.

ونهاية الحكاية كانت أغرب..

بعد محادثة صـاحب الكـاميرا وموافقتـه علـى البيـع فوجئـوا بالبـائع اليهودي يرفض الدفع وأصر على إرسال شيك على منزل صديق زوجي، وحـين تعجب زوجي وصديقه من هذا الطلب فهو ببساطة يريد الكاميرا ويريدهم ترك المحل دون أي إثبات أنهم أعطوه أي شيء، وتعلل قائلا هذه سمعة محل وإنـه لن يجازف بها أبدًا مهما كان، ليس من أجل كاميرا مستعملة..

الأغرب أن صـديق زوجي صـدّقه وبالفعـل وخرجـوا مـن المحـل دون الكاميرا ودون المال.. وبالفعل بعد مرور نحو أسبوع وصل الـشيك علـى المنـزل وحصل صديق زوجي على أمواله.

هؤلاء الناس عندهم قدرة على الإقناع حتى بما يرفضه العقل والمنطـق للحصول على ما لا يحـق لهـم وفرض رغبـتهم علـى مـن أمـامهم وهـذا لـيس

87

لعبقـريتهم ولكنـه تطبيـق لعلـم التفـاوض، وتنمـو مهـارات التفـاوض لـديهم لاحترافهم التجارة وعالم المال..

فسأحاول عرض خطوات استيلائهم علـى فلـسطين تـدريجيًا وبتمهيـد ووفقًا لمخطط طويل السنوات وسـأراعي التسلـسل الـزمني في سـرد الأحـداث مـا استطعت إن شاء الله.

ماذا يسمع الأطفال؟

لقد حزنت كثيرًا لوفاة ستيف جوبز، لمن لا يعرف فهو من أب سـوري ولكن تبنته أسرة أمريكية، فبالطبع راودني السؤال المعتاد:

هل لو كان والده السوري نجح في استرداده وربّاه بسوريا أو بـأي دولـة عربية.. هل كان سيصبح هذا العبقري الملهم؟!

وقد سـألت هـذا السـؤال علـى صـفحتي علـى الــ«فيس بـوك» فكانـت الإجابات كالتالي:

– لا؛ لأن المناخ في العالم العربي لا يساعد على الإبداع (27 صوتا).

– ولِمَ لا، من بيننا يخرج كل يوم مبدعون جدد (3 أصوات).

– ربما؛ فهو عبقري وقطعًا ينجح في أي مكان (صوتان).

– كان هيكبر وبعدين يهاجر أمريكا ويعمل اللي عمله (صوت واحد).

– لا (صوت واحد).

– أعتقد أن الإحباط والتوقف عن المحاولة هو المشكلة (صوت واحد).

– نعم (صوت واحد).

والآن سأعرض أكثر الجمل التي يقولهـا الكبـار والتليفزيـون في بـرامج

الأطفال للأطفال بأمريكا مقارنة بمصر؛ أملاً في أن تتغير على الأقل طريقة الكلام للأطفال.

فإن كنا لا نستطيع تخطيط مستقبل جيد لهم فعلى الأقل نعطيهم الأمل أنهم يستطيعون هم بناءه وإنارة حياتهم بإرادتهم.

You can do it

You can do anything you want.. honey, just

keep trying

You can be anyone you like

Practice makes perfect

Keep trying

Never give up

أما عن مصر فأتذكر هذا المشهد المعتاد:

شخص كبير يمسك بخدود طفل صغير ويرجّها وعلى وجهه ضحكة بايخة من مضايقة الصغير واستفزازه ويسأله:

وانت يا حبيبي عايز تطلع إيه؟

فيجيب الصغير ذو النظارات الكبيرة:

عايز أطلع رائد فضاء.

فيضحك الكبير بسخرية ويقول:

ليه هو انت فاكر نفسك عايش في أمريكا؟ شوفلك حاجـة تانيـة، هنـا آخرك طيار.

أما عن نصائح هذا الكبير فعادة تكون:

يا واد خليك فهلوي وحِرِك كده زي عمك ما تبقاش خايب.

ولو كانت إجابة الطفل مثل:

طبيب أو مدرس أو موسيقار أو رسام أو حتى مخترع.

تكون الإجابة:

يعني هم اللي طلعوا الحاجات دي عملوا إيـه؟! ولا حاجـة، يـا ابـني الحاجات دي متأكّلش عيش اليومين دول هتعيش كده شحات وتموت شحات، شوفلك حاجة من بتوع اليومين دول لعيب كورة، ممثل، مغـني، خليـك تاكل الشهد.

وأعتقد أن أكثر جملة يسمعها الطفل المصري على الإطلاق هي:

لا تكذب، قل الحقيقة.

كأنه ولد كاذبًا مخادعًا!!

وعجبي..

91

«إن الله يحب..».. «إن الله مع..».. «إن الله لا يحب..»

حين يحب شخصٌ شخصًا آخر فإنه يبذل قصارى جهده ليرضي حبيبه ويبحث عما يحب ويفعله ويتغير من أجل إرضاء ذلك الحبيب ويثبت أنه حقًا تغير ويستحق الثقة والحب الذي يرجوه.

وحين فكرت بطريقة مماثلة وطبعًا إنه رفيع فوق خلقه والمتعالي عـن الأشياء والأنداد، وجدت أن الله تعالى يقول لنا في كتابه العزيـز عمـن يحـبهم فبدأت بحثي عن كل الآيات التي تبدأ بـ«إن الله يحب»، و«إن الله لا يحب»، و«إن الله يكره»، وقد تعجبت حقًا حين لم أجد أي آيـة تبـدأ بـ«إن الله يكره»، وحينها تذكرت الحديث القدسي الذي يقول الله تبارك وتعالى فيه:

«ما من يوم إلا ويستأذن البحر ربه يـا رب ائـذن لـي أن أغـرق ابـن آدم فإنه أكل رزقك وعبد غيرك، وتقول السماوات يا رب ائذن لي أن أطبق على بـن آدم فإنه أكل رزقك وعبد غيرك، وتقول الأرض يا رب ائذن لي أن ابتلع بـن آدم فإنه أكل رزقك وعبد غيرك، فيقول الله دعوهم لو خلقتموهم لرحمتموهم».

وقد بحثت في معاجم القرآن الكريم لكـني لم أجـد هـذا الموضوع وهـذا بالطبع على قدر بحثي المتواضع فقررت أن أتطـرق لعـرض هـذه الآيـات ربمـا

استنار بها عقلي وهدّأت قليلا من روعي وقد استخدمت هذا الموقع للبحث النصي عن الآيات: http://quran.al - islam.com/arb/

الآيات التي ورد فيها «إن الله يحب» وعددها 10:

1 البقرة 195 «وَأَنْفِقُوا فِي سَبِيلِ اللَّهِ وَلا تُلْقُوا بِأَيْدِيكُمْ إِلَى التَّهْلُكَةِ وَأَحْسِنُوا إِنَّ اللَّهَ يُحِبُّ الْمُحْسِنِينَ».

2 البقرة 222 «وَيَسْأَلُونَكَ عَنِ الْمَحِيضِ قُلْ هُوَ أَذًى فَاعْتَزِلُوا النِّسَاءَ فِي الْمَحِيضِ وَلا تَقْرَبُوهُنَّ حَتَّى يَطْهُرْنَ فَإِذَا تَطَهَّرْنَ فَأْتُوهُنَّ مِنْ حَيْثُ أَمَرَكُمُ اللَّهُ إِنَّ اللَّهَ يُحِبُّ التَّوَّابِينَ وَيُحِبُّ الْمُتَطَهِّرِينَ».

3 آل عمران 159 «فَبِمَا رَحْمَةٍ مِنَ اللَّهِ لِنْتَ لَهُمْ وَلَوْ كُنْتَ فَظًّا غَلِيظَ الْقَلْبِ لانْفَضُّوا مِنْ حَوْلِكَ فَاعْفُ عَنْهُمْ وَاسْتَغْفِرْ لَهُمْ وَشَاوِرْهُمْ فِي الأَمْرِ فَإِذَا عَزَمْتَ فَتَوَكَّلْ عَلَى اللَّهِ إِنَّ اللَّهَ يُحِبُّ الْمُتَوَكِّلِينَ».

4 المائدة 13 «فَبِمَا نَقْضِهِمْ مِيثَاقَهُمْ لَعَنَّاهُمْ وَجَعَلْنَا قُلُوبَهُمْ قَاسِيَةً يُحَرِّفُونَ الْكَلِمَ عَنْ مَوَاضِعِهِ وَنَسُوا حَظًّا مِمَّا ذُكِّرُوا بِهِ وَلا تَزَالُ تَطَّلِعُ عَلَى خَائِنَةٍ مِنْهُمْ إِلا قَلِيلا مِنْهُمْ فَاعْفُ عَنْهُمْ وَاصْفَحْ إِنَّ اللَّهَ يُحِبُّ الْمُحْسِنِينَ».

5 المائدة 42 «سَمَّاعُونَ لِلْكَذِبِ أَكَّالُونَ لِلسُّحْتِ فَإِنْ جَاءُوكَ فَاحْكُمْ بَيْنَهُمْ أَوْ أَعْرِضْ عَنْهُمْ وَإِنْ تُعْرِضْ عَنْهُمْ فَلَنْ يَضُرُّوكَ شَيْئًا وَإِنْ حَكَمْتَ فَاحْكُمْ

بَيْنَهُمْ بِالْقِسْطِ إِنَّ اللَّهَ يُحِبُّ الْمُقْسِطِينَ».

6 التوبة 4 «إِلا الَّذِينَ عَاهَدْتُمْ مِنَ الْمُشْرِكِينَ ثُمَّ لَمْ يَنْقُصُوكُمْ شَيْئًا وَلَمْ يُظَاهِرُوا عَلَيْكُمْ أَحَدًا فَأَتِمُّوا إِلَيْهِمْ عَهْدَهُمْ إِلَى مُدَّتِهِمْ إِنَّ اللَّهَ يُحِبُّ الْمُتَّقِينَ».

7 التوبة 7 «كَيْفَ يَكُونُ لِلْمُشْرِكِينَ عَهْدٌ عِنْدَ اللَّهِ وَعِنْدَ رَسُولِهِ إِلا الَّذِينَ عَاهَدْتُمْ عِنْدَ الْمَسْجِدِ الْحَرَامِ فَمَا اسْتَقَامُوا لَكُمْ فَاسْتَقِيمُوا لَهُمْ إِنَّ اللَّهَ يُحِبُّ الْمُتَّقِينَ».

8 الحجرات 9 «وَإِنْ طَائِفَتَانِ مِنَ الْمُؤْمِنِينَ اقْتَتَلُوا فَأَصْلِحُوا بَيْنَهُمَا فَإِنْ بَغَتْ إِحْدَاهُمَا عَلَى الأُخْرَى فَقَاتِلُوا الَّتِي تَبْغِي حَتَّى تَفِيءَ إِلَى أَمْرِ اللَّهِ فَإِنْ فَاءَتْ فَأَصْلِحُوا بَيْنَهُمَا بِالْعَدْلِ وَأَقْسِطُوا إِنَّ اللَّهَ يُحِبُّ الْمُقْسِطِينَ».

9 الممتحنة 8 «لا يَنْهَاكُمُ اللَّهُ عَنِ الَّذِينَ لَمْ يُقَاتِلُوكُمْ فِي الدِّينِ وَلَمْ يُخْرِجُوكُمْ مِنْ دِيَارِكُمْ أَنْ تَبَرُّوهُمْ وَتُقْسِطُوا إِلَيْهِمْ إِنَّ اللَّهَ يُحِبُّ الْمُقْسِطِينَ».

10 الصف 4 «إِنَّ اللَّهَ يُحِبُّ الَّذِينَ يُقَاتِلُونَ فِي سَبِيلِهِ صَفًّا كَأَنَّهُمْ بُنْيَانٌ مَرْصُوصٌ».

إذًا الذين ذكرهم الله وخصهم بحبه في كتابه العزيز هم:

1. المحسنون (تكررت مرتين)..

2. التوابون

3. المتطهرون

4. المتقون (تكررت مرتين)..

5. المتوكلون

6. المقسطون (تكررت 3 مرات)..

7. الذين يقاتلون في سبيله صفاً كأنهم بنيان مرصوص

جعلنا الله ممن يحبهم ويجعلنا من خاصته ويستخدمنا لخدمة الدين ورفعة الإسلام إن شاء الله. آمين.

وإذا بحثنا عن «إن الله مع» وجدنا ما يلي:

1 البقرة 153 «يَا أَيُّهَا الَّذِينَ آمَنُوا اسْتَعِينُوا بِالصَّبْرِ وَالصَّلاةِ إِنَّ اللَّهَ مَعَ الصَّابِرِينَ».

2 الأنفال 46 «وَأَطِيعُوا اللَّهَ وَرَسُولَهُ وَلا تَنَازَعُوا فَتَفْشَلُوا وَتَذْهَبَ رِيحُكُمْ وَاصْبِرُوا إِنَّ اللَّهَ مَعَ الصَّابِرِينَ».

3 النحل 128 «إِنَّ اللَّهَ مَعَ الَّذِينَ اتَّقَوْا وَالَّذِينَ هُمْ مُحْسِنُونَ».

إذًا إن الله مع:

1. الصابرين.

2. المتقين.

3. المحسنين.

فلو ذهبنا إلى تفسير الشيخ الشعراوي لنرى تفسير هذه الآيات ومعنى هذه الصفات لنفهمها ونحاول التحلي بكل منها والرابط لتفسير الشعراوي هو:

http://elsharawy.com

http://www.nourallah.com/tafseer.asp

/http://www.altafsir.com

أنا كل ما سأفعله هو اقتباس بعض الأجزاء من تفسير الشيخ الشعراوي (رحمه الله) لهذه الآيات:

1. من المحسنون؟ وما معنى الإحسان؟

الإحسان كما علمنا رسول الله (صلى الله عليه وسلم): «أن تعبد الله – أي تطيع أوامره – كأنك تراه، فإن لم تكن تراه فإنه يراك».

والإحسان في كل شيء هو إتقانه إتقانًا بحيث يصنع الإنسان لغيره ما يحب أن يصنعه غيره له.

المائدة آية 13: «فَبِمَا نَقْضِهِمْ مِيثَاقَهُمْ لَعَنَّاهُمْ وَجَعَلْنَا قُلُوبَهُمْ قَاسِيَةً يُحَرِّفُونَ الْكَلِمَ عَنْ مَوَاضِعِهِ وَنَسُوا حَظًّا مِمَّا ذُكِّرُوا بِهِ وَلا تَزَالُ تَطَّلِعُ عَلَى خَائِنَةٍ

مِنْهُمْ إلا قَلِيلا مِنْهُمْ فَاعْفُ عَنْهُمْ وَاصْفَحْ إِنَّ اللَّهَ يُحِبُّ الْمُحْسِنِينَ».

الأمر بالصفح يأتي، وهناك فرق بين أن تمحو الخطيئة وتبقي أثرها في نفسك وتظل في حالة من الغيظ والحقد.

والحق هنا يأمر بالعفو أي إزالة أثرها ويأمر بالصفح أي أن نخرج أثر الخطيئة من بالك؛ لأن الإنسان منا له مراحل، المرحلة الأولى بعد أن يرتكب أحدهم ذنبًا في حقه، فلا يقابل العدوان بمثله، وهذا هو العفو، والمرحلة الثانية: ألا يترك أثر هذا الذنب يعمل في قلبه بل يأتي الصفح حتى لا ينشغل قلب المؤمن بشيء قد عفا عنه، والمرحلة الثالثة: فرصة مفتوحة لمن يريد أن يتمادى في مرتبة الإحسان وترقي اليقين والإيمان بأن يحسن الإنسان إلى من أساء إليه. وهذه المراحل الثلاث يوضحها قوله الحق: «وَالْكَاظِمِينَ الْغَيْظَ وَالْعَافِينَ عَنِ النَّاسِ وَاللَّهُ يُحِبُّ الْمُحْسِنِينَ».

2. 3. من التوابون والمتطهرون؟

البقرة آية 222 «وَيَسْأَلُونَكَ عَنِ الْمَحِيضِ قُلْ هُوَ أَذًى فَاعْتَزِلُوا النِّسَاءَ فِي الْمَحِيضِ وَلا تَقْرَبُوهُنَّ حَتَّى يَطْهُرْنَ فَإِذَا تَطَهَّرْنَ فَأْتُوهُنَّ مِنْ حَيْثُ أَمَرَكُمُ اللَّهُ إِنَّ اللَّهَ يُحِبُّ التَّوَّابِينَ وَيُحِبُّ الْمُتَطَهِّرِينَ».

«إِنَّ اللَّهَ يُحِبُّ التَّوَّابِينَ وَيُحِبُّ الْمُتَطَهِّرِينَ».. أراد الحق تبارك وتعالى أن يدخل عليك أُنسا، فكما أنه طلب منك أن تتطهر ماديًا فهو سبحانه قبل أيضًا

منك أن تتطهر معنويًا بالتوبة، لذلك جاء بالأمر حسيًا ومعنويًا.

4. من المتقون؟

التوبة آية 4 «إِلا الَّذِينَ عَاهَدْتُمْ مِنَ الْمُشْرِكِينَ ثُمَّ لَمْ يَنْقُصُوكُمْ شَيْئًا وَلَمْ يُظَاهِرُوا عَلَيْكُمْ أَحَدًا فَأَتِمُّوا إِلَيْهِمْ عَهْدَهُمْ إِلَى مُدَّتِهِمْ إِنَّ اللَّهَ يُحِبُّ الْمُتَّقِينَ».

والمتقون هم الذين يجعلون بينهم وبين أي شيء يغضب الله وقاية.

5. من المتوكلون؟

فالتوكل معناه: تسليمك زمام أمورك إلى الحق ثقة بحسن تدبيره، ومن تدبيره أن أعطاك الأسباب فلا ترد يد الله الممدودة بالأسباب ثم تقول له اعمل لي يا رب.

6. من المقسطون؟

والحكم بينهم يكون بالقسط؛ أي بالعدل. والعدل ليس كما يراه الهوى ولكن حسب ما أنزل الله. أي إن الله يحب الذين يزيلون الجوْر. وما دام الحكم بالعدل يأتي ليزيل الجور، فكأنه كان من قبل جوْرٌ مُقنن؛ إذًا فـ«أقْسَط» أي أزال جورًا مقننًا وأعاد توازن الميزان ليعود الانسجام بين الإنسان والكون. والكون كله يسير بميزان؛ الأرض تدور والشمس تؤدي مهمتها، فإن أردتم أن تستقيم لكم أموركم الاختيارية، فانظروا إلى الأمور الإجبارية التي حولكم، فإن كانت بنظام وميزان واعتدلت الأمور، اعدلوا – إذًا – في إدارة شئونكم حتى تنسجموا

كما انسجم الكون.

من الصابرون؟

قول الحق سبحانه: «إِنَّ ٱللَّهَ مَعَ ٱلصَّابِرِين»، أي إنه يطلب منك أن تواجه الحياة في معية الله؛ فأنت لو واجهت المشكلات في معية من تثق في قوته تواجه الأمور بشجاعة فما بالك إذا كنت في معية الله وكل شيء في الوجود خاضع لله، أيجرؤ شيء أن يقف أمامك وأنت مع الله؟

فإذا مرض إنسان فقد سُلبت منه العافية فلا يستطيع أن يسير ولا أن يتحرك، بل يرقد في فراشه ليتألم، ويوضح لنا الحق - سبحانه وتعالى - أنا إن سلبت منه العافية، وهي نعمة فأنا عنده. ولذلك إياك أن تفزع إذا تركتك النعمة ما دام المنعم معك. والمريض المؤمن يستشعر أن الله معه.

والآيات التي ورد فيها «إن الله لا يحب»، هي:

1 البقرة 190 «وَقَاتِلُوا فِي سَبِيلِ اللَّهِ الَّذِينَ يُقَاتِلُونَكُمْ وَلا تَعْتَدُوا إِنَّ اللَّهَ لا يُحِبُّ الْمُعْتَدِينَ».

2 النساء 36 «وَاعْبُدُوا اللَّهَ وَلا تُشْرِكُوا بِهِ شَيْئًا وَبِالْوَالِدَيْنِ إِحْسَانًا وَبِذِي الْقُرْبَى وَالْيَتَامَى وَالْمَسَاكِينِ وَالْجَارِ ذِي الْقُرْبَى وَالْجَارِ الْجُنُبِ وَالصَّاحِبِ بِالْجَنْبِ وَابْنِ السَّبِيلِ وَمَا مَلَكَتْ أَيْمَانُكُمْ إِنَّ اللَّهَ لا يُحِبُّ مَنْ كَانَ مُخْتَالا فَخُورًا».

3 النساء 107 «وَلا تُجَادِلْ عَنِ الَّذِينَ يَخْتَانُونَ أَنْفُسَهُمْ إِنَّ اللَّهَ لا يُحِبُّ مَنْ كَانَ خَوَّانًا أَثِيمًا».

4 المائدة 87 «يَا أَيُّهَا الَّذِينَ آمَنُوا لا تُحَرِّمُوا طَيِّبَاتِ مَا أَحَلَّ اللَّهُ لَكُمْ وَلا تَعْتَدُوا إِنَّ اللَّهَ لا يُحِبُّ الْمُعْتَدِينَ».

5 الأنفال 58 «وَإِمَّا تَخَافَنَّ مِنْ قَوْمٍ خِيَانَةً فَانْبِذْ إِلَيْهِمْ عَلَى سَوَاءٍ إِنَّ اللَّهَ لا يُحِبُّ الْخَائِنِينَ».

6 الحج 38 «إِنَّ اللَّهَ يُدَافِعُ عَنِ الَّذِينَ آمَنُوا إِنَّ اللَّهَ لا يُحِبُّ كُلَّ خَوَّانٍ كَفُورٍ».

7 القصص 76 «إِنَّ قَارُونَ كَانَ مِنْ قَوْمِ مُوسَى فَبَغَى عَلَيْهِمْ وَآتَيْنَاهُ مِنَ الْكُنُوزِ مَا إِنَّ مَفَاتِحَهُ لَتَنُوءُ بِالْعُصْبَةِ أُولِي الْقُوَّةِ إِذْ قَالَ لَهُ قَوْمُهُ لا تَفْرَحْ إِنَّ اللَّهَ لا يُحِبُّ الْفَرِحِينَ».

8 القصص 77 «وَابْتَغِ فِيمَا آتَاكَ اللَّهُ الدَّارَ الآخِرَةَ وَلا تَنْسَ نَصِيبَكَ مِنَ الدُّنْيَا وَأَحْسِنْ كَمَا أَحْسَنَ اللَّهُ إِلَيْكَ وَلا تَبْغِ الْفَسَادَ فِي الأَرْضِ إِنَّ اللَّهَ لا يُحِبُّ الْمُفْسِدِينَ».

9 لقمان 18 «وَلا تُصَعِّرْ خَدَّكَ لِلنَّاسِ وَلا تَمْشِ فِي الأَرْضِ مَرَحًا إِنَّ اللَّهَ لا يُحِبُّ كُلَّ مُخْتَالٍ فَخُورٍ».

إن الله لا يحب هؤلاء:

1. المعتدين.

2. المختال الفخور.

3. الخوان الأثيم.

4. الخائنين.

5. الخوان الكفور.

6. الفرحين.

7. المفسدين.

1. المعتدون:

في سورة البقرة هم:

الحق ينهى عن الاعتداء، أي لا يقاتل مسلم من لم يقاتله ولا يعتدي.

في سورة المائدة هم:

فلا تعتدِ لتحلل ما حرمـه الله وتحـرم مـا حللـه الله، فبتـرك الاعتـداء ينتظم الوجود، وحين ينظر الإنسان إلى الغابة يجد أن لكـل حيـوان مهمـة مـع غيره، هذه المهمة تؤدي إلى الصلاح فيما يصلح للإنسان.

2. المختال الفخور:

المختال: هو الذي وجد له مزية عند الناس.

والفخور الذي يجد مزية في نفسه.

والله تعالى لا يحب هذا ولا ذاك؛ لأنه سبحانه يريد أنْ يحكم الناس بمبدأ المساواة ليعلم الناس أنه تعالى ربُّ الجميع، وهو سبحانه المتكبِّر وحده في الكون، وإذا كان الكبرياء لله وحده فهذا يحمينا أنْ يتكبِّر علينا غيره.

3. الخوان الأثيم:

وفيه فرق بين «خائن»، و«خوَّان»، فالخائن تصدر منه الخيانة مرة واحدة، أما الخوَّان فتصدر منه الخيانة مرارًا. أو يكون المعنى هو: إن الخائن تصدر منه الخيانة في أمر يسير صغير، أما الخوّان فتصدر منه الخيانة في أمر كبير. إذًا، فمرة تأتي المبالغة في تكرار الفعل، وأخرى في تضخيم الفعل.

والإثم أفظع المعاصي.

4. الخائنون:

أي لا تكن لأجل ولصالح الخائنين مدافعًا عن أي واحد منهم ولو كان هذا الخائن مسلمًا. وهكذا كان عدل الإسلام في أن حكم الله تعالى لا ينصر مسلمًا على باطل ولا يظلم يهوديًا.

5. خوان كفور:

فكأن الحق – سبحانه وتعالى – أصبح طرفًا في المعركة، والخوَّان: صيغة مبالغة من خائن، وهو كثير الخيانة وكذلك كفور: صيغة مبالغة من كافر.

ومعنى الخيانة يقتضي أن هناك أمانة خانها. نعم، هناك الأمانة الأولى، وهي أمانة التكليف التي قال الله فيها:

«إِنَّا عَرَضْنَا الأَمَانَةَ عَلَى السَّمَاوَاتِ وَالأَرْضِ وَالْجِبَالِ فَأَبَيْنَ أَن يَحْمِلْنَهَا وَأَشْفَقْنَ مِنْهَا وَحَمَلَهَا الإِنْسَانُ» (الأحزاب: 72)، فلقد خان هذه الأمانة بعد أنْ رَضِي أنْ يكون أهلاً لها.

والكَفُور: مَنْ كفر نِعَم الله وجَحَدها.

6. الفرحون:

والنهي هنا عن الفرح المحظور، فالفرح: انبساط النفس لأمر يسرُّ الإنسان، وفَرْق بين أمر يسرُّك؛ لأنه يُمتعك، وأمر يسرُّك لأنه ينفعك، فالمتعة غير المنفعة.

فمثلاً، مريض السكر قد يأكل المواد السكرية لأنها تُحدِث له متعة، مع أنها مضرة بالنسبة له، إذًا: فالفرح ينبغي أن يكون بالشيء النافع؛ لأن الله تعالى لم يجعل المتعة إلا في النافع.

فحينما يقولون له «لَا تَفْرَحْ..» (القصص: 76) أي: فرح المتعة، وإنما الفرح بالشيء النافع، ولو لم تكن فيه متعة كالذي يتناول الدواء المر الذي يعود عليه بالشفاء، لذلك يقول تعالى: «قُلْ بِفَضْلِ اللَّهِ وَبِرَحْمَتِهِ فَبِذَلِكَ فَلْيَفْرَحُواْ..» (يونس: 58).

ويقول تعالى:

«وَيَوْمَئِذٍ يَفْرَحُ ٱلْمُؤْمِنُون * بِنَصْرِ ٱللَّهِ..» (الروم: 4-5)، فسماه الله فرحًا؛ لأنه فرح بشيء نافع؛ لأن انتصار الدعوة يعني أن مبدأك الذي آمنتَ به، وحاربت من أجله سيسيطر وسيعود عليك وعلى العالم بالنفع.

ومن فرح المتعة المحظور ما حكاه القرآن:

«فَرِحَ ٱلْمُخَلَّفُون بِمَقْعَدِهِم خِلَافَ رَسُولِ ٱللَّهِ..» (التوبة: 81).. هذا هو فرح المتعة؛ لأنهم كارهون لرسول الله، رافضون للخروج معه، ويسرُّهم قعودهم، وتركه يخرج للقتال وحده.

فقوله تعالى: «لَا تَفْرَحْ إِنَّ ٱللَّهَ لَا يُحِبُّ ٱلْفَرِحِين» (القصص: 76)، أي: فرح المتعة الذي لا ينظر إلى مَغبّة الأشياء وعواقبها، فشارب الخمر يشربها لما لها من متعة مؤقتة، لكن يتبعها ضرر بالغ.

7. المفسدون:

فالحق سبحانه خلق كل شيء على هيئة الصلاح لإسعاد خلقه، فلا

تعمد إليه أنت فتفسده، ومن هذا الصلاح المنهج، بل المنهج وهو قوام الحياة المعنوية أولى من قِوام الحياة المادية.

إذًا، فلتكُنْ مؤدبًا مع الكون من حولك، فإذا لم تستطع أنْ تزيده حُسْنًا فلا أقلَّ من أنْ تدعه كما هو دون أنْ تفسده، وضربنا لذلك مثلا ببئر الماء قد تعمد إليه فتطمسه، وقد تبني حوله سورًا يحميه.

هذه مسائل خمس توجَّه بها قوم قارون لنصحه بها، منها الأمر، ومنها النهي، ولا بُدَّ أنهم وجدوا منه ما يناقضها، لا بُدَّ أنهم وجدوه بَطِرًا أَشِرًا مغرورًا بماله، فقالوا له:

«لَا تَفْرَحْ إِنَّ ٱللَّهَ لَا يُحِبُّ ٱلْفَرِحِينَ» (القصص: 76).

ووجدوه قد نسي نصيبه من الدنيا فَلم يتزود منها للآخرة، فقالوا له «وَلَا تَنسَ نَصِيبَكَ مِنَ ٱلدُّنْيَا..» (القصص: 77).

ووجدوه يضنُّ على نفسه فلا ينفق في الخير، فقالوا له: «وَأَحْسِنْ كَمَا أَحْسَنَ اللَّهُ إِلَيْكَ..» (القصص: 77)، يعني: عَدِّ نعمتك إلى الغير، كما تعدَّت نعمة الله إليك.. وهكذا ما أمروه أمرًا، ولا نهوْهُ نهيًا إلا وهو مخالف له، وإلا لَمَا أمروه ولَمَا نهوْهُ.

ثم يقول قارون ردًا على هذه المسائل الخمس التي توجَّه بها قومه إليه: «قَالَ إِنَّمَا أُوتِيتُهُ عَلَى عِلْمٍ..»..

الغيرة

في كثير من الأفلام والمسلسلات المصرية تجدهم يربطون بين الحب والغيرة؛ وتجد البطلة ترفع من صوتها وتتبغدد وتقول بصوت مسرسع: «ما دام بتغير عليَّ تبقي بتحبني» وتضغط بشدة على وجهها لتُظهر النغازتين حتى لو لم يكن عندها أصلاً!!

وتجد في مشاهد أخرى سبب العنف من البطل الذي قد يصل إلى ضرب البطلة أنه يغار عليها و«ضرب الحبيب زي أكل الزبيب»، وما دامت البطلة تحبه إذًا يجب عليها تحمل الدم الذي يضرب في دماغ البطل وينتج عنه ضربها هي شخصيًا والمفروض أن تفرح لأن هذا دليل على حبه لها وغيرته العمياء حين رأى شخصًا مجهولاً ينظر لها أو رآها تسأل «بتاع الخضار» عن ثمن نوع خضار!!

وما دام الضرب أصبح دليلاً على الحب فلا مانع من أن يسبقه المراقبة وعد الأنفاس حتى للحماية للتأكد من إخلاص الطرف الثاني وحبه... إلخ إلخ!!

في رأيي الشخصي أن الغيرة ليست دليلاً على الحب إنما دليل على «نقص ثقة» إما في الذات أو الحبيب أو كليهما... أو ربما الثلاثة سلسلة تجر الواحدة الأخرى!!

مثلا حين تغار امرأة من سيدة أخرى، فهذا في الأغلب يدل على نقص ثقة في الذات خاصة حين لا يصدر أي تصرف غريب أو غير معتاد من الحبيب، ببساطة المرأة ترى تفوّق المرأة الأخرى عليها فتخاف أن يلفت ذلك نظر أو انتباه أو اهتمام حبيبها وينشغل بالمرأة الأخرى.

وهنا تبدأ الحلقة الثانية من السلسلة ألا وهي الظن في الحبيب وفقدان الثقة فيه، والغريب أنه يكون في الأغلب عدم وجود ثقة بالمرة في الرجل؟! (هن معذورات فلا يوجد رجل يكتفي بامرأة واحدة أبدا).. وهنا يصبح نقص ثقة في كلا الطرفين ينتج عنه في الأغلب نكد أو أطفال كثيرة لـربط الرجل وطلبات لا حصر لها ليفلس الرجل ولا يملك ما يمكنه الزواج بأخرى.. ويعيش كلا الطرفين في ضيق ولكن عادة لا يتسبب ذلك في إنهاء العلاقة بينهما..

ولكن لو أن الرجل هو الذي غار فالصورة مختلفة تمامًا، عادة ينتج ذلك لشك الرجل في المرأة أو لحمايتها، إن كان لحمايتها من الرجال المحيطين فبنعمة هي ولا تسبب مشاكل عميقة بين الطرفين وإنما أشياء بسيطة تذهب مع الذكريات وتُنسى.. أما لو عن شك في الحبيبة فهذه كارثة ويترتب على ذلك مراقبة تتبعها مواجهة لو ثبت الشك أو يظل الشك راقدًا دائمًا أبدًا يظهر بين الحين والآخر، وفي الأغلب حين تتكون هذه الأفكار تتسبب في إنهاء العلاقة في أحسن الأحوال إن لم تنتهِ بمحاولة قتل من كانت تسمى حبيبة!!

107

فلو أن أحدكم شعر بالغيرة فليستغفر الله ولو اشتدت فـلا يـصرح بهـا سوى لعاقل متدين ولا يصرح بها أبدًا لفاسق ويلجأ إلى الله ليطمئن قلبه وليتذكر أن الدنيا مثل الانتظار في محطة لوقت قصير ورحيل فـلا داعـي أن نقضي هـذا الوقت الوجيز في الشجار والنقار والنكد وإن وصلت للافتراق فلـيكن بهـدوء ثـم البحث عن رفيق سفر آخر يطمئن له القلب.

أما لو وجدت حبيبك هو الذي يصرح بالشك فلا تفرح بل يجب أن تقلق فهذا دليل على وجود خلل ما في العلاقـة يجـب تداركـه وإصـلاحه علـى الفـور حتى لا تكون العواقب وخيمة!!

واللهم أسعدنا جميعًا وطمئن قلوبنا في دنياك وآخرتك.. آمين.

حكايتنا مع أولاد العم في بلاد العم سام
" حكاية الصلاة "

أذكر أننـا كنـا بالمطـار لنسافـر رحلـة داخليـة مـن نيويـورك إلى لـوس أنجلوس وكان ذلك في وقت الفجر فصلينا أنا وزوجي تباعًـا ونحـن جالسـان في أماكننا وبدأنا نقرأ الأذكار بهدوء حتى لا نلفت الأنظار لأننا لو فعلنـا ربما مـا كنا عدنا لمصر أبدًا، فمنذ سقوط البرجين إلى قيام ثورة مصر كنا نعامل على أننـا إرهابيون، نصلي لنقوم بعملية استشهادية لنقتل كل من حولنا فيها.

ولكن الحمد لله تغيرت هذه النظرة تمامًا إلى نظرة احترام وتقديـر منـذ قيام الثورة.. وربنا يجازي اللي كان السبب في ذلنا بالداخل والخارج.

المهم كان معنا على متن الطائرة أحد رجال الدين اليهـودي، فملابسـه كانت تنم عن ذلك، الكبة أو اليكمة علـى رأسـه ويرتـدي مـا يـشبه الجلبـاب الأبيض الفضفاض وفوقه شال أبيض كبير يغطي من رأسه إلى خصره، فاعتقدت أن هذا زي آخر للحاخامات فأنا لم أكن بعد أعرف درجات رجال الدين عندهم.

وكان معه زوجته ترتدي ملابس غربية عادية، وحين انتبه لنا ونحـن نصلي، وجدناه انتفض قائمًا ونزع كتيبًا وبدأ يقرأ بصوت عالٍ بلغـة غريبـة ثـم أجبر زوجته على الوقوف خلفه والتأمين على ما يقول.

فلفت أنظار كل من كان بصالة الانتظار وكان يبدو على زوجتـه الـضيق

109

الشديد مما يفعل.

فسألت زوجي حينها عما يفعل أهو يصلي!! فأجاب زوجي ضاحكًا من سذاجتي وقال: بالطبع لا، نحن فقط من جعل الله الأرض مسجدا لنا ونستطيع أن نصلي في أي مكان بها ولكن هم يجب أن يصلوا في المعبد أو مكان محدد بالبيت له هيئة محددة.

فتعجبت إذًا ماذا يفعل، فأجابني أنه يقرأ الأذكار هو الآخر، فسألته: ماذا.. أعندهم أذكار الصباح مثلنا؟ فأجابني «نعم» ولكن هذا الشخص نسي أننا نصلي في اتجاه الكعبة وهو يجب أن يصلي في اتجاه القدس، هو قلدنا دون تفكير وأخذ نفس قبلتنا، عمومًا لا داعي للكلام عنهما ولا تنظري نحوهما حتى لا تضايقيهما فمثلما نحن نتضايق لو أن أحدًا يحدق بنا ونحن نصلي بالتأكيد هم كذلك أيضًا.

وبالفعل بعد وقت وجيز اكتشف الرجل أنه في الاتجاه الخطأ واعتدل في اتجاه قبلته الصحيحة ولكنه وهو يلتفت رأى زوجته، كانت خلفه بملابسها العادية فنهرها بشدة فوجدتها تلبس جيبة طويلة مطرزة كالتي ترتديها الفتيات في المسجد عند الصلاة وتغطي شعرها بإيشارب طويل، وأمرها أن تمسك الكتاب بيدها ففعلت، وعاد ليقرأ كل شيء من جديد وبدأ يحرك جزءه للأمام والخلف مثلما كنت أراهم في نشرات الأخبار عند حائط البراق أو ما يسمونه هم حائط المبكى.

ونسيت ذلك إلى أن بدأت أكتب هذه الحكاية وبالفعل وجدت الـدكتور «المسيري» يذكر في موسوعته «اليهود واليهودية والصهيونية» بعـض التفاصـيل التالية :

عندهم ثلاث صلوات كل يوم – الصلاة واجبة على اليهودي الذكر لأنها بديل القربان الذي كان يقدم للإله أيام الهيكـل وعلـى اليهـودي أن يـداوم علـى الصلاة إلى أن يعاد بناء الهيكل المزعوم.

والصلوات الواجبة هي :

أ. صلاة الصبح، وهي من الفجر حتى نحو ثلث النهار.

ب. صلاة نصف النهار.

ج. صلاة المساء، من بعد الغروب إلى طلوع القمر.

والأدعية والابتهالات تسبق وتتبع الصلوات.

بل الأعجب أن عليهم الوضوء أيضًا قبل الـصلاة والطهـارة مثلنـا ولكـن أشكال الوضوء والاغتسال مختلفة قليلاً.

وقد تغيرت حركات اليهود أثناء الصلاة عبر العصور، ففي الماضي كـان اليهـود يركعون ويـسجدون في صـلواتهم ولا يـزال الأرثـوذكس يفعلـون ذلـك في الأعياد ولكن الأغلبية العظمى تـصلي الآن جلوسًـا علـى الكراسي إلا في أجـزاء معينة في الصلاة مثل عند تلاوة الثمانية عشر دعاء فإنها تقرأ وقوفًا في صمت ولا

111

يخلع اليهود نعالهم عند الصلاة.

فتعجبت من قرب العبادات في اليهودية من العبادات في الإسلام.

ولكن سبب تعجبي هو أنه كيف لم يستدل أحدهم أو يفكر أن الإسلام هو من عند الله ويؤمنوا به فكل الدلائل والتشابه تدل على أنه من عند الله.

حتى صيامهم في بعض الأيام يكون مثلنا، صيام عن الطعام والشراب والجماع ولكنه يكون من شروق الشمس لغروبها فقط ولكن أيضا لا يرتدون الأحذية في أثناء صيامهم.

صدق الله تعالى: «ثُمَّ قَسَتْ قُلُوبُكُمْ مِنْ بَعْدِ ذَلِكَ فَهِيَ كَالْحِجَارَةِ أَوْ أَشَدُّ قَسْوَةً وَإِنَّ مِنَ الْحِجَارَةِ لَمَا يَتَفَجَّرُ مِنْهُ الأَنْهَارُ وَإِنَّ مِنْهَا لَمَا يَشَّقَّقُ فَيَخْرُجُ مِنْهُ الْمَاءُ وَإِنَّ مِنْهَا لَمَا يَهْبِطُ مِنْ خَشْيَةِ اللَّهِ وَمَا اللَّهُ بِغَافِلٍ عَمَّا تَعْمَلُونَ» (البقرة: 74).

«أَلَمْ يَأْنِ لِلَّذِينَ آمَنُوا أَنْ تَخْشَعَ قُلُوبُهُمْ لِذِكْرِ اللَّهِ وَمَا نَزَلَ مِنَ الْحَقِّ وَلا يَكُونُوا كَالَّذِينَ أُوتُوا الْكِتَابَ مِنْ قَبْلُ فَطَالَ عَلَيْهِمُ الأَمَدُ فَقَسَتْ قُلُوبُهُمْ وَكَثِيرٌ مِنْهُمْ فَاسِقُونَ» (الحديد: 16).

المهم أنه بعد بحثي هذا لم أجد أن صلاتهم تتم على هذه الطريقة من تحريك الجسد أمامًا وخلفًا.

وبما أنهم لا يصلون عند حائط البراق إذًا ماذا يفعلون؟

أتدرون ماذا يفعلون؟

إنهم يبكون ويندبون ذنبهم لإضاعتهم ما يسمونه الهيكل.. وسيتوقف كل هذا بعد أن ينتهوا من الهدم والحفر والبناء.

وللتذكرة بأهمية حائط البراق فهو:

عرف بهذا الاسم؛ لأن النبي محمد - صلى الله عليه وسلم - ربط دابته البراق فيه على الأرجح يوم إسرائه إلى المسجد الأقصى المبارك.

اعتبارًا من النصف الأول من القرن التاسع عشر، بدأ اليهود يزعمون أن حائط البراق، الذي يحوي في أسفله حجارة عظيمة تعود للعهد الروماني، هو البناء المتبقي من المعبد الثاني المزعوم، وأنه يمثل الجدار الغربي لهذا المعبد، واتخذوه موضعًا للبكاء على ملكهم الضائع حتى أطلق عليه «حائط المبكى» (الكوتل بالعبرية). ومنذ ذلك الحين، وتحت الحكم الإسلامي للقدس، سمح لليهود بزيارة الحائط من باب التسامح الديني، إلا أن أهل القدس ثاروا، عندما جلب الصهاينة أدواتهم وأبواقهم، وحاولوا تحويل المكان إلى ما يشبه الكنيس اليهودي، بمساعدة من جانب سلطات الاحتلال البريطاني في المدينة. وكانت ثورة عارمة عرفت باسم (ثورة البراق) عام 1929م، واستطاعت أن تؤجل تهويد الحائط لفترة من الزّمان، حتى وقعت القدس في قبضة الاحتلال اليهودي الصهيوني عام 1967م، فاستولى المحتلون على الحائط وعلى باب المغاربة

المجاور، وأزالوا الآثار الإسلامية في هذا الجزء من جدار المسجد الأقصى المبارك تمامًا، ودمروا حارة المغاربة الملاصقة له، وحولوها إلى ساحة للعبادة أسموها «ساحة المبكى».

يا الله.. من منا الآن الذي يجب أن يبكي؟ أعتقد أننا من يجب أن يبكي دمًا وليس دموعًا على إضاعتنا للمسجد الأقصى وفلسطين والعراق وسوريا ولبنان وباكستان وأفغانستان والبوسنة والأندلس وكل شبر كان يسكنه مسلمون بل يجب أن نظل نبكي على كل الانتهاكات التي تحدث للمسلمين في الصين وأوروبا ومختلف بقاع الأرض خاصة في بلادهم.. أذل الله كل من يذل الشعوب العربية.

وكيف جعلنا من أنفسنا فائضًا على العالم يريدون التخلص منه وكيف شوهنا صورة الإسلام بصورتنا وتصرفاتنا وغفلتنا؟!!

وأصبح كل من يؤنبه ضميره على فلسطين، يسكنه بالدعاء فقط ولا يفعل شيئًا لاستردادها فعليًا.

فما أضعف همتنا ونكتفي بأحيائها في قلوبنا.

كل ما غرس في رؤوسنا ونحن صغار أن الفلسطينيين لا أمان لهم حتى على مستوى الأفراد وأنهم أغنياء وخونة، باعوا أرضهم بأموال هائلة ولجأوا إلينا لنؤويهم ويبكون الآن لنساعدهم لعودتهم لأراضيهم.

إلى كل من يزال يعتقد هـذا فعلـى أقل تقـدير، يجـب أن تقـرأ تـاريخ فلسطين للدكتور طارق سويدان.

وإلى من يعرف الحقيقة فإليك هذه الخطوات لتساعد فلسطين ليس فقط بإحيائها في قلبك كما يدعو أغلب دعاتنا وعلمائنا ولكن بفعل أشياء بسيطة مثـل التي على هذا الرابط:

http://www.almoltaqa.ps/english/showthread.php?t=6075

سألخص بعض النقاط المذكورة في الرابط:

1. اكتـب خطابـات يوميًا وأرسـل رسـائل إلكترونيـة لعـدة جرائـد ومجلات، أصوات لدعم فلسطين في الصحافة والإعلام تحتاج لأن تسمع.

2. قاطع كل المنتجات الإسرائيلية والأمريكية التي تدعم إسرائيل..

ستجد قوائم بذلك على مواقع عدة، منها:

http://www.inminds.co.uk/index.html

كنـت كتبـت سـابقا : (كنـت أود أن أكتـب بالمقابـل وأدعـم المنتجـات والشركات الفلسطينية، أرجـو مـن يعـرف أيهـا أن يرسـل لـي وأنـا سأنـشرها وأدعمها على الفور)..

فأرسلت لي صديقة هذه المواقع التي تبيع منتجـات فلـسطينية، أرجـو شراءها فهذه أقل مساعدة لدعمهم:

http://www.facebook.com/pages/Made – in – .

Palestine/172852402760354

/http://www.palestine – shop.net

http://www.tatreez.net/index.htm

المليونير الحزين

كان ياما كان في سالف العصر والزمان، وما يحلى الكلام إلا بذكر النبي عليه الصلاة والسلام..

في قرية بعيدة في بلاد الصين في زمان ليس بزمننا كان هناك شاب صبوح بشوش مليء بالحيوية والنشاط والسعادة الغامرة التي كانت دومًا ما تفيض على مَن حوله..

لم يكن أحد يراه إلا ويشعر كأنه يرى السماء بأفقها وسعتها في عينيه ويطرب لكلامه كأنه يغني، كانت له إطلالة ساحرة ومميزة على كل من يسلم عليه، كان يضفي شبابًا على الكهل وجمالاً على العجوز وسعادة على اليتيم وأمانًا على الأرملة، كان كل أهالي قريته يشعرون بالأمل لوجوده بينهم فهو دائمًا يحلم بغد أفضل ومستقبل أجمل من أن تتخيله أو تدركه عقولهم.

كان سر كل هذا هو الحب فقد أنهى قراءة كل كتب المكتبة العامة ليس لأنها مطلوبة منه في دراسته ولكن حبًا في القراءة، كان أول مدرسته والحافز لم يكن التنافس والتناحر أو حتى الرغبة في التفوق والتميز بل حبًا في المذاكرة والتحصيل، كان يعمل في زراعة الأرز ليس لحاجته للمال بل حبًا للعمل، كان يحب كل أيامه وماضيه ومستقبله بل في الأغلب كان يتبرع بكل ما يكسب على

فقراء القرية وضعفائها ليسعد بسعادتهم ويفرح بحبهم..

حياته كانت غنية وسعيدة على الـرغم مـن أن بـدايتها كانـت حزينـة ومؤلمة فقد تربي يتيمًا وأمه تركته من الفاقة لتتزوج من مليونير أحبها وأغدق عليها بالأموال ولكنه لم يكن يحب الأطفال فكان هذا هو شرطه الوحيد للسماح لها بدخول جنته بعـدما شبعت مـن جحيم الفقر والجـوع والتـشرد والـذل؛ فتركت وليدها حتى لا يموتا هما الاثنان على وعد منها أن تعود لتأخذه بعـدما ترقق قلب زوجها على ابنها ولكن هذا الترقيق استغرق منهـا ثلاثـة وعـشرين سنة لم يرق فيها قلب زوجها ولكنه توقف، فورثت الزوجة ثروة طائلة..

كانت قد تركته لحكيم القرية وزوجته اللذين لم ينجبا فاتخذاه ابنهما وعلمه هذا الأب بالتبني الإيمان والحب والعلم والعمل، وعلمتـه الأم المعنـى الحقيقي للغنى وسر السعادة وهما يكمنـان في مـساعدة الغيـر والمشاركة وعـدم التردد في فعل الخير، كانت أحسن طاهية في القريـة حـين يعـود مـن مدرسته يجدها تعد طعامًا كثيرًا وهي تغني، كـان صوتها دافئًا حنونًـا فالكـل يجيـء ليشاركهما الطعام فالكل يشعر أنها أم للقرية كلها، كانت تسمع أوجـاع النـاس ومشكلاتهم، ربما لم تكن تستطيع حل كل المشاكل فبعض المشكلات عضال تفوق قدرة الإنسان على الحل وبعض الجروح تكون غائرة لا يداويها إلا القدر.

وعادت الأم لتأخذ ابنها لتعوضـه عـن البيـت الفقير والحيـاة البائسة

118

فعينت له جيشًا من الخدم أرادت له كل الراحة لدرجة أنه لو أراد أن يشم وردة فقط يأمر ليطاع على الفور بشخص يحملها إلى أنفه حتى لا يحتاج للانحناء تجاه الوردة.. كل ألوان الطعام والشراب والترفيه والملابس... كانت تعتقد أنها بهذا تعوضه وأنها هكذا أدخلته الجنة على الأرض.

وفُجعت حين وجدته يمرض بمرض عضال عجز الأطباء عن معرفته أو إيجاد دواء له.. لم يعد يشتهي طعامًا ولا شرابًا بل زهد كل هذا الرغد من العيش وأصبح حزينًا واجماً يهزل ويضعف ويزداد شحوبًا وكآبة مع الأيام.

يومًا ظلت تتذلل له أن يقول لها عن أي رغبة ويطلب أي طلب ليطاع فطلب منها أن يرى أبيه حكيم القرية وقال إنه لم يطلب هذا من قبل حفاظًا على مشاعرها ولكن تحت إصرارها اعترف بهذه الرغبة؛ فأرسلت له على الفور.. وبعد أن جلس الحكيم مع ابنه خرج ليبلغ الأم بالدواء فسألها عن سر رفضها لإشراكه في المشروعات التي تدر عليها هذه الثروة على الرغم من طلب ابنها منها هذا عدة مرات وظلت ترفض أهو لعدم ثقتها في قدراته أم لجهله فأجابت بل لتعوضه عما عاناه من العمل في أول شبابه فأرادت أن تجعله يستريح تمامًا وتعطيه الأموال التي قد يحصل عليها بعمله فهي لم تكن ترى أي سبب ليعمل، فأجابها أن هذا هو علاج ابنها الوحيد فقد كان يعيش حالة حب العمل، عمل أي شيء وكل شيء، وكان هذا سر سعادته لنفسه ولغيره.

هو تربى على حب العمل وحب الناس والحياة من أجل الغير.. أما هي فأرادت له حياة على النقيض تمامًا، أرادت منه أن يوقف عقله ويعيش لذاته وملذاته فمرضت روحه ولم يتحمل البدن مرض الروح وحزن القلب وعجز عن حمله فمرض هو الآخر.

الأم مع الأسف لم تفهم ولم تعش متعة العمل ولا متعة العطاء ولهذا لم تفهم داء ابنها.

هناك أناس قليلون يعملون لأنهم يحبون العمل، يحتاجونه نفسيًا لا ماديًا ومع الأسف فإن السواد الأعظم من الناس لن يفهموا ذلك أو يقدروه بل سيسخرون من هذه القلة ويتركوا أعمالهم الحقيقية التي يحتاجونها لاستمرار حياتهم ليصبح عملهم الوحيد هو السخرية من القلة التي تعمل لحبها للعمل.

لماذا أصبحت كالدنيا؟

تحبني حين أكرهها..

تقترب حين أبتعد..

وتبتعد حين أقترب..

تخضع لي حين أزهدها..

وتحرمني حين أريدها..

تركع لي حين أركلها..

وتحرمني حين أحتاجها..

وتتمتع بعذابي..

أعجبها حين أعاندها وأخالفها..

وتملني حين أطاوعها..

تذلني حين أعزها..

وتعزني حين أتجاهلها..

تعطيني ما أردت وقتما لم أعد أريد..

فلا أفرح بما تجود ولا أنسى ما سببته لي من ألم الحاجة والنقصان..

لم أعد أذكر متى توقفت عن حبك..

أتساءل: متى انعدم خفقان قلبي لرؤياك وتبدّل للبغض عند سماع صوتك؟

لا أستطيع التذكر كيف ومتى حدث هذا..

لا أستطيع تذكر متى فقدت عيناي لمعانهما عند ذكر اسمك..

ولا متى فقدت شفتاي بسمتها عند لقائك..

نعم أذكر كم أحببتك وكيف كنت أشتاق إليك..

نعم أذكر جيدًا لوعة فراقك ونشوة لقائك..

نعم أذكر كم بكيت حين تركتني وسافرت..

شعرت يومها أني أحتضر..

لم أكن أصدق في الحب ولكنك عرفت كيف تأسر قلبي..

بغبائي أعطيتك كل مفاتيحي..

تخيلت أني لن أتحرر قط لكني تحررت من عبودية قلبي لك باسم الحب..

وأتعجب كيف يتبدل الحب للبغض على هذا النحو..

كما علمتني الحب علمتني الكره..

أنا التي لم أكره أحدًا قط..

علمتني كيف أكره نفسي حين ابتعدت عنها..

122

ثم كرهتك وكرهت نفسي أكثر لأنها يومًا أحبتك..

يا حسرتاه على ما ضاع من عمري..

أحزن لِما نزف من قلبي وأنت بجواري تشعر ولا تهتم..

نعم أقنع نفسي أنك كنت تشعر لأنك لو لم تكن تشعر فالألم أصعب..

ويأسف لساني على مصارحتك بكل ما في القلب والعقل، بكل ما أحب وأكره..

لأني وجدتك تتعمد أن تجعلني أرى كل ما أكره بكل من أكره في وجهك..

تبدلهم لأكرهك وأبتعد عنك..

وها أنا كرهتك فإذ بك تتذلل لي وترجوني ألا أتركك..

أنا التي غيرت من نفسها لأرضيك..

أنا التي بعت العالم أجمع لأشتريك..

فوجدت منك القسوة والاستبداد بدلاً من الحب وحفظ الجميل..

مرضت من هجرك وقسوتك..

فوجدتك تذلني وتعايرني بضعفي بدلاً من أن تندم وتطلب مسامحتي..

ظلمتني بعد أن ظلمت نفسي لأجلك..

هل العدل أن أظلمك..

123

لم أعد أريد.. لم أعد أهتم..

يكفيك ما أخذت من عمري وجهدي وعقلي..

لا تستحق المزيد..

من الآن أنا من سيملي الشروط..

وستأخذ ما أقرره لك فقط..

اقبل أو ارحل..

فأنت لم تعد تعني لي شيئًا..

بل أغلب الأحيان أنت تمثل عبئًا على قلبي وعقلي..

أتحملك فقط من أجل أولادي..

من الآن عقلي هو من سيحكم حياتي معك وليس قلبي مثلما كان..

حتى الندم لم أعد أندم..

لم أعد أبكي..

لم أعد أتذكر كيف كنا ولا كيف أصبحنا..

لا تستحق المزيد..

كتبت هذا تأثرًا بهذه القصة:

http://www.facebook.com/media/set/?set=a.

247793685843617432110994764236753

نعمة الموت

الحياة.. أصبحت حين أسمع هذه الكلمة أول ما يخطر ببـالي صـورتي حبيسة داخل تابوت مدقوق في كل ملليمتر منه مسمار.

المسامير تجعل جسدي يدمى ولكنها.. مع الأسف.. لا تقتلني!!

أحمدك ربي وأشكر فضلك على نعمة الموت، فمعرفـة أن لهـذه الحيـاة نهاية وبعدها يستريح المرء من كل هذه المتاعب حقًا يمدني بالأمل في الحياة، ما دامت ستنتهي فلنتحمل قليلاً هذه الرحلة القصيرة الثقيلة.

ونسأل الله العفو.

حقًا معرفة مثل هذه الحقيقة وأنها قد تأتي في أي لحظـة يـريح العقـل والقلب والروح.

كم روحي مشتاقة الآن لترك هذا الجسد وهذا العالم والناس والانطـلاق بعيدة عن كل الماديات والأشياء

كم قلبي يترقب ملاقاة أحبائه، إني أحلم، نعم أليس لي حق أن أحلم، كم أحلم أني أجلس مع سيدي محمد وآل بيته، كم أشتاق لملاقاة السـيدة فاطمـة والسيدة عائشة وكم أتمنى أن أرى وأسمع ولو تلصصًا مجالس سيدنا محمد مـع سيدنا أبي بكر وسيدنا عمر..

125

بالطبع أنا لا شيء لأجلس معهم ولكن أرجو أن تتاح لي فرصة رؤياهم ولو من بعيد وأن أسمع أصواتهم.

كم أتمنى ولو مجرد أن أعرف فيمَ يتحدثون وعلامَ يضحكون..

ياه.. لقد قرأت عنكم الكثير وسمعت عنكم حكايات ومواقف كثيرة..

لقد أحببتكم دون أن أراكم، لقد عشت معكم دون أن يجمعنا زمن واحد، لقد حلمت بكم كثيرًا.

إن سيدنا محمد مثلي الأعلى، وسيدنا عمر فتي أحلامي، نعم كم تمنيت أن أتزوج شخصا مثله، وسيدنا أبو بكر مثلي الأعلى في الصداقة دائمًا أحاول أن أكون بإخلاصه لأهلي وأصدقائي.. ليتني حقا مثله أو أحظى بصديق مثله، كم تمنيت لو كنت بذكاء سيدنا عثمان وبحكمة وطهارة سيدنا علي.

أيجيء يوم لأحظى بلحظة تجمعني بهم، فقط لأراهم وأسمع أصواتهم؟

126

كوب الكاكاو

في منزل صغير صباحًا، وقفت الأم تعد طعام الإفطار لابنها وزوجها كالعادة وهي تراجع بصوت عالٍ مع ابنها ما ذاكره معها في الليلة السابقة لأن لديه امتحانًا مهمًا في الحصة الأولى، فتؤكد على نقاط ضعفه التي قد تأتي في الامتحان، ويسمّع الابن بصوت عالٍ ليطمئن والدته أنه متذكر كل شيء ولا داعي للقلق ويلملم أشياءه ويضعها في حقيبته.

والأب في الحجرة يأخذ حمامه ويرتدي ملابسه.

ما إن انتهت الأم من هذه الأشياء وشرعت في تحضير ما تسميه إكسير الحياة بالنسبة لها وهو كوب الكاكاو العجيب الذي اعتادت شربه صباحًا منذ كانت صبية تقليدًا لوالدها. فهي تصنعه تمامًا مثلما يصنع والدها فنجان قهوته، فتبدأ بتقليب الكاكاو من نوع معين بنسبة كافيين عالية وأقرب للشيكولاتة منه للكاكاو فتظل تقلب إلى تمام الذوبان ثم تضعه على نار هادئة وتقلب مرتين فتفوح رائحة الشيكولاتة فتملأ بها أنفها ومشاعرها بل وكيانها كله فتشعر كأن العالم أجمع من حولها أصبح بطعم ولون ورائحة الشيكولاتة وتضعه على نار هادئة ليكون طبقة غنية وسميكة من الشيكولاتة على السطح في الكنكة وتمامًا مثل القهوة تراعي هذه الطبقة وهي تصب الكاكاو وإلا ذابت وضاعت هذه الطبقة الغنية وتشربها على المهل ليغير ذلك من مزاجها ويجعلها

دائمًا مرحة وسعيدة ومقبلة على الحياة مهما كانت مرارتها وسرحت قلـيلاً في ضحكة والدها وهو يراها تقف إلى جانبه بـالمطبخ وتقلـده في عمـل القهـوة الـتي تكرهها ولا تتحمل مرارتها.

وصبت الكاكاو في كوب فخار مخصوص قد أحضرته لها أعز صديقاتها من بلجيكا وقالت إن البائع استطاع أن يضحك عليها بإقناعها بـأن هـذا الفخـار يجعل الكاكاو طعمه أحلى ورائحته نفاذة أكثر فاشترته لها خصيصًا.

وفجأة يظهر زوجها أمامها مندفعًا مـن غرفـة النـوم في سـرعة الطلقـة وغاضبًا كالثور الهائج الجريح وظل يصرخ في وجهها قائلاً إنها لا تقدر أهميـة عمله ولامها على أنها لم تكوِ قميصه الأسود ليرتديه على بدلته الكحليـة وهـو عنده مقابلة مهمة في البنك من أجل القرض لشركته الجديدة وأنها لم تعد تصلح كزوجة ولم تعد تهتم به.. وفجأة نظر لكـوب الكاكـاو وأمسكه وهـو يـصرخ في وجهها قائلاً:

هذا هو كل ما تهتمين به في هذه الحياة، هذا الكوب فقط ومـا بعـده لا يـهم.

وفجأة علا صوت خبطه للكـوب وارتطامـه بالحـائط، فتطـايرت أشـلاء الكوب في وجهها لتغطي كل أرجـاء المطبخ ومـا حولـه وغطت الأرضـية كلـها بالكاكاو..

128

فتصعق مما يفعله زوجها وحتى هو لأول لحظة يسكت منذ أن بدأ هذا الصراخ ويثبت عينيه على يد الكوب التي لا تزال في يـده فيتركهـا تـسقط وهـو حانق ويهرع على الحجرة ليضع القميص اللبني الذي قد أعدتـه لـه مـن الليلـة السابقة ويترك المنزل جريًا وهو ما زال يغلق أزراره والرابطة تكـاد تـسقط مـن حول عنقه ويترك المنزل مع خبط الباب ليحدث دويًا عاليًا.

فتقف مذهولة مما حدث وهي تشعر كأنهـا في كـابوس ستـستيقظ منـه لتجد أن شيئًا من هذا لم يحدث، ولكنها تفيق علـى بكـاء ولـدها الـذي قـال إن والده قد نسيه وأنه سيضيع عليه الامتحان!!

فتقول لولدها ألا يقلق. وهمـت أن تجـري وراء زوجهـا لتـذكره بابنـه ولكن كبرياءها المذبوح لم يسمح لها بهذا وقالت إنها مـن الآن يجـب أن تعتمـد على نفسها في حل مشاكلها ومشاكل ابنها كأن زوجها لم يعد له وجود بعد الآن في حياتهما!!

فقالت له إنها هي من سيقوم بإيصاله للمدرسة بـأي تاكـسي، وتجـري على الحجرة لتضع أي عباءة ثم تنظر في حقيبتهـا لتجد أنهـا ليس لـديها أي نقود فيشل تفكيرها.

فهي لا تخرج سوى مـع زوجهـا ومنـذ أن تزوجتـه وتركـت عملـها لم تطلب منه أي نقود لأنها لم تعتد أن تطلب ذلك أبدًا.

كادت أن تبكي ولكن يجب عليها التصرف الآن ولتبكي لاحقًا، فيلهمها الله بأن تفتح صندوق مجوهراتها وتقرر أن تأخذ منه شيئًا لتطلب من السائق إيصالها لأي صائغ بعد إيصال ابنها للمدرسة وتبيعه وتعطيه أجرته.

وبالفعل فتحت صندوق المجوهرات ونظرت لأي القطع تأخذها لتبيعها، فهي قد قسمتها من قبل لمجوهرات زوجها اشتراها لها، ومجوهرات والدها التي تزوجت بها، فتأخذ من مجوهرات والدها لأنها تشعر أن هذه فقط التي تملكها، ولكن ما اشتراه زوجها لا تستطيع التصرف به ولا حتى ارتداءه أبدًا إلا بعد استئذانه، فما شعرت قط أنها أشياؤها.

وخرجت مسرعة مع ولدها وهي تدعو الله أن ييسرها معها وأن تجد صائغا في هذا الوقت الباكر وألا يكسفها الله ويحرجها مع سائق التاكسي ويقبل انتظارها حتى تحصل على النقود فقد نشأت على العزة والكرامة والسمو وعدم السؤال...

وقد استجاب الله دعاها فمن يعتمد على الله يجعل له مخرجًا، فبمجرد وصولهم للشارع وهي تدعو بكل قلبها الذي يخفق بسرعة جنونية من مجريات الأحداث وهول هذا الصباح فوجدت ابنها يجري على فتاة نزلت من المبني المقابل مع والدها ويسلم عليها ويعرفهما ببعض ويسلم على والد الفتاة.

فتسلم عليهما هي الأخرى، إنها تعرف الفتاة من حكايات ابنها فهي

زميلته بالفصل فيستأذن والد الفتاة بإيصالهما معًا بدلاً من التعب والبهدلة في المواصلات التي قد تؤدي للتأخير على الامتحان في النهاية، وكاد الابن يقول إن والده قد جن ونسيه وذهب لشركته تاركًا إياه ووالدته، لولا أن ضغطت الأم على ذراعه إعلانًا أنه ليس مسموحًا له أن يحكي أي شيء عما حدث داخل البيت.

وبعد أن رجاها ابنها لتتركه يذهب مع زميلته وأبيها وافقت وهي تحمد الله على إنقاذها مما كان يمكن أن يحدث ولكنها لم تكن تقريبًا تسمع أغلب ما كانوا يقولونه، رغمًا عنها كانت شاردة في أحداث الصباح المروع، هم يكلمونها وهي تجيب فقط بهز رأسها. فسألها والد الفتاة إن كانت بصحة جيدة أم عليه إحضار طبيب لها بعد إيصالهما المدرسة فاعتذرت بحجة أنها فقط مرهقة وشكرته على إيصال ابنها المدرسة، فيعدها أن يحضر الولد بعد المدرسة أيضًا وأنه لا داعي لأن تقلق بهذا الشأن أبدًا.

فتطلع للمنزل لتجد كل شيء يؤكد أنه كان حقيقة فتنهار باكية وتبدأ بلم أشلاء الكوب وبالطبع تجرح أصابعها ولكنها لم تشعر بالدماء التي تسيل من يديها فجرح قلبها أعمق ونزيفه قاتل!

ورغمًا عنها تسرح في زمان وأيام زمان وتتذكر كيف كان كوب الكاكاو الذي حطمه الآن هو سبب حبهما ورمزه. وتتذكر يوم ذهبت للعمل لتكتشف بعد وصولها أنها نسيت إحضار علبة الكاكاو الجديدة بعد انتهاء الأخرى في

اليوم السابق، وتتأفف وتذهب لترى ما الساخن البديل الذي يمكن أن تشربه، فتفاجأ بيده تمتد من ورائها بعلبة الكاكاو المفضل لها ويسألها إن كانت بطلت إدمان وقررت تغيير الصنف فيضحكان وتشكره بامتنان على إنقاذ مزاجها في ذلك اليوم، وتتوالي الأيام وتتطور لتجده يقوم بعمل الكوب بطريقتها ويكون عليها شربه والاستمتاع به بمجرد دخولها المكتب دون تعب عمله ومع كل كوب كان يزيد حبه في قلبها كأنه يضع لها فيه ترياق الحب والسعادة ويبدأ يشاركها إياه ويقوم بعمله كلما أراد لفت نظرها وابتسامة من شفتيها أو نظرة اهتمام من عينيها ثم يتطور الأمر للحكي والمغازلة ثم وضع ورقة: هل تقبلين الزواج بي، داخل علبة كاكاو على وشك الانتهاء تقليدًا للأفلام الأمريكية التي كان يعشق مشاهدتها.

تتذكر فتزداد الدموع حرقة ولوعة القلب مرارًا.

تسأل نفسها كيف تبدل الحال هكذا؟ كيف تغيّر هكذا؟ فحاولت إلهاء نفسها حتى لا تفكر وهي في هذه الحالة السيئة وتذكرت القطعة الذهبية فقامت لتعيدها إلى صندوق مجوهراتها، وعند دخولها حجرة النوم تجمدت قدماها أمام صورة زفافهما التي فوق السرير ونظرت له وسألته: ما بك؟ لماذا تغيرت؟ كيف ضاع معك الحنان والأمان؟ والعمر؟

فوجدت الإجابة تقف بجانبه!! يااااه.. كم أنا كنت جميلة ورشيقة

ومرحة، كنت مليئة بالأمل والأحلام، كنت أضخ الحيوية والنشاط والحرية والحلم بغد أفضل بكل من يحيط بي...

صمت أطبق على أنفاسها وصداع يكاد يقسم رأسها نصفين لم تعد قدماها يستطيعان الوقوف والتحمل فسقطت على السرير جالسة ففوجئت بنفسها تواجه المرآة فسألت مَن بالمرآة: من أنت؟ تشبهينني قليلاً، ولكنك متهدلة رثة عجوزة، لا أعرفك!! من أنت يا سيدتي؟!

ورفعت عينيها لانعكاس صورة الزفاف بالمرآة وسألتها: أكنت تتخيلين يومًا أنك ستصبحين هذه المرأة التي بالمرآة؟

ونظرت لكليهما واستمعت لحوارهما بداخلها..

المرأة بالمرآة تعتذر للصورة: آسفة، لقد تركتك وتخليت عنك لأجله!! كنت أظن أنه سيحافظ هو عليكِ!! لم أعلم أنه كان يخطط للقضاء عليكِ.. آسفة، رأيته يهينك ويذلك ويقتلك بطرق غير مباشرة ونحيت وجهي عنه، في البداية حبه أعماني فكنت أبرر كل شيء لصالحه وأنه يخاف عليكِ..

طلب منك ترك عملك، قلت يحبك ويريد لك الراحة وتقليل ضغوط الحياة.

طلب منك ترك طموحك، قلت مجنون بك ولا يريد ما يشغلك عنه.

طلب منك البعد عن أهلك، قلت يحبك ويريد لك الراحة وأهلك

طلباتهم لا تنتهي.

طلب منك ترك دراستك، قلت هو يقصد مؤقتًا إلى أن تتوازن حياتك.

طلب منك البعد عن أصدقائك، قلت شغوف بغرامك ويغار عليك.

بلل ملابسها من دموعها أفاقها قالت: لا لن أقبل الإهانة.

وأحضرت التليفون وهمّت أن تطلب والدها وفجأة وضعت السماعة.

كيف أطلب من والدي المريض بالشلل مساعدتي الآن ألا يكفي ما هو فيه.

وفجأة اكتشفت أنها لا مكان لها بهذه الدنيا وربما زوجها يعاملها هكذا لإدراكه لهذا الأمر.

فبعد أن خسر والدها كل أمواله في إحدى العمليات وأصبح مدينًا اضطروا لبيع كل شيء حتى بيت والدها لسداد جزء من الديون ومصاريف العلاج، والآن يعيش والداها مع أخيها، لا تستطيع أن تثقل على أخيها أكثر من ذلك، حتى حين حاولت إعطاء أخيها المجوهرات التي اشتراها لها أبوها لأنها لا تملك غيرها، رفض الأخ وقال إنه جدول الديون وما معها من مجوهرات أصلاً قليل ولا يساوي الكثير وطلب منها أن تحافظ عليها ولا تعطيها لزوجها ولا تستبدلها فربما احتاجت لها يومًا ما وحينئذ لن يستطيع مساعدتها وطلب منها أن تحافظ على زوجها وبيتها.

134

فبكت وبكت، لأول مرة تـشعر أنهـا قليلـة الحيلـة، لا مكـان تهـرب إليه، لا أحد يرد لها كرامتها المذبوحة، ولامت نفسها: أنتِ مـن فعلـتِ ذلك بنفسِك لا أحد غيرك، وتذكرت مواقف صـغيرة عـابرة وكانـت تتغاضى عنهـا حتى تستمر الحياة وتمر دون عراك وتؤكد لنفسها أن زوجها لم يقـصد إيـذاءها ولا إهانتها، فتذكرت مـثلاً يومًـا دخـل البيـت وكـان غـير مـنظم فقـال بنـبرة سخرية إنها يجب عليها أن تعمل بلقمتها وتنظف المنزل!! ومرة ثانية قال إن الملابس لا تكوى وحدها، ومرة أخرى سألها إن كانت خرجت فتعجبت وقالت إنها لا تخرج دون إذنه فسأل إذًا ما دمت بالبيت كـم لم يـضايق عينـك منظـر زبالة الحمام وكيف لم تمسحي أرض المطبخ!! كيف قبلت على نفسها مثل تلك التعليقات وتلك المضايقات وهو يعلم أنها تظل تعمـل بالبيـت والطبخ ورعايـة الولد طول اليوم ولا تجلس للحظة فبالتأكيد أنها لـو أغفلت عمـل شـيء واحـد فذلك لأنها لم تجد له وقتًا وكيف لم يرَ هو كم بقية الأشياء التي قامـت بهـا؟! كيف أقنعت نفسها أنه لا يقصد الكلمات بحرفيتها وبـررت أنـه ربمـا يخـاف على ابنهما من الانزلاق بأرض المطبخ أو اللعب بقمامة الحمام على الرغم من أنه لم يذكر الابن بالمرة بل أحيانًا ينـسى أن لـه ابنًـا مـن الأسـاس مثلمـا حـدث في الصباح!!

تعجبت كيف يستطيع الإنسان خداع نفسه لهذه الدرجة.

135

ولكن عادت وردت ولكنه لا يبخل عليّ بـشيء، إنـه كـريم، فتـذكرت كيف يكشر لو طلبت أي شيء ولا يشتريه إلا بعد إلحاح أو إقنـاع ولـو اشـترى دون ذلك يظل طول الوقت يتحدث عن التضحية التي قام بها بشراء هذه الأشياء وإنه كان يتمنى شراء أشياء أخرى لنفسه ولكنـه ضـحى لأجلهـا وفضلها علـى نفسه على الرغم من أنها قلما طلبت شيئًا وفي الأغلب يكـون للـضرورة القـصوى وإلا تحاول الاستغناء عنـه حتـى لا تـذل نفسها لكـل هـذه الأفضال الميمونـة والإلحاح على الشكر «طوال الوقت» كأنها لا تصدق هذه التضحيات الجبارة!!

وما العمل الآن؟! لأفكر عمليًا في حل.. لن أجلس أتحسر وأولول، لا بد أن يكون هناك حل.. لا مشكلة دون حل.

لأهرب.. نعم، آخذ ابني وأهرب أبيع مصاغي كله سيكون مبلغًا بسيطًا ولكن على الأقل يكفينا إيجار منزل صغير في بلد ناءٍ بعيد حتى أجد عملا، وأنا أستطيع أن أعمل لقد كنت بمركز مرموق سابقًا كمديرة حسابات لكني مـستعدة لتقبل أي عمل متوافر حتى لو لا يريد سـوى مـن يجيـد القـراءة والكتابـة، أي شيء يغنينا مر السؤال ويسد جوعنا بلقيمات بسيطة فهذا أفضل من ذل الهـوان هنا، أشعر كأني جارية اشتراها بأكلها لكني لست كذلك وأرفض أن أكون كذلك وعليه أن يغير معاملته ويعلم أن حبي ليس من المسلمات القدرية بل حبي يزيد وينقص وها هو الآن قـد نـضب، الحـب لـيس شـرطًا لاسـتمرار زواجنـا ولكـن

136

الاحترام هو الشرط الأساسي، إن قبل ذلك سأجرب الاستمرار وإن رفض إذًا فلنفض هذه الشركة..

شركة.. نعم الزواج ما هو إلا شركة بين اثنين وبينهما عقد لذلك، لن أنهي الشركة وأنا خاسرة، يجب أن أراجع بنود عقد هذه الشركة من البداية لأعلم ما عليّ وما لي، وما لي سآخذه حتى لو كان من عينيه!!

وفجأة ينخلع قلبها ويصيبها هلع حين سمعت جرس الباب فتنظر للساعة.. ياه لقد مضي أكثر من ساعتين في هذا البكاء ونسيت التنظيف وتخيلت أن يكون هذا زوجها نسي مفتاح الباب وعاد ليأخذ شيئًا فتقوم وقلبها ينازع عظام صدرها وتخرج تجري وتنظر للمطبخ وتتوقع توبيخ من النوع الثقيل أنها كل هذا الوقت لم تقم بالتنظيف وتسأل نفسها لمَ كل هذا الرعب، أول خطوات الحل هو القضاء عليه داخليًا فهي ليست خادمة ولا جارية ولا ملزمة شرعًا بخدمته على هذا النحو أصلاً ولا ملزمة إنسانيًا بخدمته بهذه الطريقة كذلك فهو ليس مريضًا ولا قعيدًا، إذًا فليدخل وليعلق على النظافة وسترمي المسحة بوجهه فهو الذي سبب هذه الفوضى وهو ليس رضيعًا وهي ليست أمه لتنظف وراءه وتتحمل جنونه فليصلح ما أفسده، وتشحن نفسها ضده، لقد استنفد كل رصيده وتحملت ما لا يتحمله بشر وتنظر من العين السحرية لتجده رجلاً لا تعرفه فتتنفس الصعداء وتحمد الله على تأجيل هذه المواجهة التي ليست متأكدة

إن كانت ستنتهي لصالحها أم عليها ولكنها آتية لا محالة وتدعو أن تجيء وهي أقوى نفسيًا وجسمانيًا.

ففتحت الباب لترى ماذا يريد فتجده جارهم قد عاد ليطمئنها أنه أوصل الابن سالمًا وللتأكد من أنها على ما يرام ولا تحتاج طبيبًا لأنها تبدو مريضة وفي غاية الإنهاك.

فتشكره على ذوقه وهي تقول لنفسها: «كانت ناقصاك انت كمان؟!».

وتصرفه سريعًا ويبدو أنه لم يكن يريد ليرحل سريعًا على هذا النحو ويريد أن يقول شيئًا.

عموما، هي لم تكن مرتاحة لنظراته على الرغم من أنه لم يتعدَّ حدود الأدب بالمرة، على العكس يبدو شخصًا محترمًا وملتزمًا دينيًا ولكن ما زال هناك ما لا يريحها.

بعد أن تغلق الباب تسأل نفسها ماذا يجب أن أفعل الآن فلا تجد سوى إجابة واحدة: «الصلاة»، «واستعينوا بالصبر والصلاة وإنها لكبيرة إلا على الخاشعين».

فتصلي وتناجي الله: يا رب ما لي سواك ألجأ له، قسا عليّ قلب زوجي فأهانني، اليوم قذف الكوب بوجهي وحطمه، ماذا سيفعل غدًا أسيرميه على وجهي ليحرقه؟! أم سيصفعني على وجهي؟! ماذا عساه أن يفعل بي؟! اللهم

أنت الوالي فتولني ولا تكلني إلى أحد من عبادك.. المتعالي البر التواب يا رب أنتَ الحَكم العدل الحق فاحكم بيني وبينه بالحق والعدل، اللهم إليك أشكو ضعف قوتي وقلة حيلتي وهواني على الناس، يا أرحم الراحمين إلى من تكلني؟ إلى عدو يتجهمني، أم إلى قريب ملّكته أمري؟ إن لم تكن ساخطًا عليّ فلا أبالي، غير أن عافيتك أوسع لي، أعوذ بنور وجهك الذي أشرقت له الظلمات وصلح عليه أمر الدنيا والآخرة أن تنزل بي غضبك أو تحل عليّ سخطك، ولك العتبى حتى ترضى ولا حول ولا قوة إلا بك.

يا رب اغفر لي لقد علمت وفهمت الآن خطيئتي وشركي.. أشهد أن لا إله إلا الله وأن محمدًا رسول الله.. لقد عكفت في محراب حبه، أخدمه هو نهارًا إن كان بالبيت وأفكر فيما يرضيه هو إن لم يكن به وأحلم به ليلاً، لا يفارق عقلي ولا قلبي، في حين أنه كان يجب أن يكون ذلك حبك أنت ولا أحد سواك، أفكر بك وبرضاك ليلي ونهاري.

وتذكرت ذات مرة أنها قرأت أن من يحبه الله ولكنه يشرك به يحرمه حب الذي يحبه، فحمدت الله وشعرت في قلبها أن ما هي به الآن ما هو إلا حب الله لها يريدها أن تستفيق قبل فوات العمر وتندم وقت لا ينفع الندم، ويمر شريط الذكريات أمامها تراجع نفسها فتذكرت أنها حتى حين كانت تصلي كانت صلاتها لزوجها وقالت لنفسها فعلاً كنت أصلي لأدعو له بالسعادة

والمال وتيسير الأمور، أراني قد شغفني حبًا وصبًا أفقدني صوابي وأبعدني عن صلاتي وقرآني وعن أهدافي وغاياتي، يا رب إن لم تغفر لي سأظل ببابك ساجدة راجية إلى أن تعفو عني برحمتك يا عفوّ إنك تحب العفو فاعفُ عني.

لقد فهمت الآن؛ كان يجب استحضار النية في كل عمل لرضاك أنت يا ربي ولا أحد سواك، وأنا الغفلة كانت تشغلني برضاه هو ولا أحد سواه، كأني أشركت بك يا ربي دون أن أدري..

أشهد أن لا اله إلا الله وأن محمدًا رسول الله، ولكن آن الأوان أن أعود أدراجي فلا أكون أَمَةً لسواك يا ربي، حقًا من يصبح من عبادك تعزه ومن يصبح عبد غيرك تذله وحينئذ يستحق الإذلال ولا يلومَنّ إلا نفسه.

يا رب اغفر لي وارض عني، أما هو فسأعامله بشرعك وأستحضر رضاك في نيتي لأي شيء أفعله لأجله، يا رب عجبت لبغضك للطلاق فلن أطلبه طلبًا لرضاك على الرغم من أن هذا أسهل طريق لراحتي، أعزني يا رب في دنياك وآخرتك.

أما الشركة التي بيني وبينه فشروط عقدها هو شرعك... وقامت لتبحث عن حقوق الزوج والزوجة.

فوجدت ملخصًا سريعًا على الإنترنت يسعفها في الوقت الراهن حتى تجد وقتًا لقراءة تفصيل وافٍ أكثر.

وكان الملخص يقول الآتي:

للزوجة على زوجها حقوق مالية، وهي: المهر، والنفقة، والسكنى.

وحقوق غير مالية: كالعدل في القسم بين الزوجات، والمعاشرة بالمعروف، وعدم الإضرار بالزوجة.

وحقوق الزوج على زوجته:

وجوب الطاعة.

عدم الإذن لمن يكره الزوج دخوله.

عدم الخروج من البيت إلا بإذن الزوج.

تسليم المرأة نفسها.

معاشرة الزوجة لزوجها بالمعروف: وذلك لقوله تعالى: «وَلَهُنَّ مِثْلُ الَّذِي عَلَيْهِنَّ بِالْمَعْرُوفِ» (البقرة: 228).

وتجب خدمة زوجها بالمعروف من مثلها لمثله ويتنوع ذلك بتنوع الأحوال فخدمة البدوية ليست كخدمة القروية وخدمة القروية ليست كخدمة الضعيف.

وقد تعجبت من نقطة خدمة الزوجة لزوجها وهي كانت تعتقد أن الزوج عليه التكفل بخادمة أو خادم للقيام بشئون البيت ما دام يستطيع.

141

فقررت أن تنظف كل شيء وتربط أصابعها وتضمد جراحها وأن تحب نفسها ما دام هو لا يحبها وستلتزم بشروط العقد المبرم.

وعادت وجلست على السرير لترتاح بعد عناء التنظيف وأغمضت عينيها لترتاح ودعت: يا رب لا سهل إلا ما جعلته سهلاً وأنت تجعل الصعب إن شئت سهلاً فسهل عليّ ما كتبته عليّ، أنا لم أتزوجه إلا بعد استخارات كثيرة واستقرار القلب عليه، لقد كنا ننعم بسعادة وحب كبيرين، لا أدري كيف تبدل الحال هكذا، يا رب اللهم أعد عليّ السعادة ولا تشقني في دنياك.

وتفتح عينها لترى كم الساعة ومتى يعود ابنها لتطمئن عما فعل بامتحانه.

وغفلت عيناها ولأول مرة من فترة طويلة تحلم أحلامًا سعيدة وترى نفسها تجري كالأطفال وتشعر بالنسيم يلمس وجهها وسمعت نفسها تضحك في الحلم وهي لم تضحك من قلبها هكذا من فترة طويلة.

فسألت نفسها: لأكن صريحة مع نفسي، نعم أنا ما زلت أحبه وإلا ما حزنت مما فعل، وكنت لن أعبأ بغضبه، ولكنه جرحني وأهانني وأنا لن أقبل ذلك مهما يكن. لأقوم وأحزم أمتعتي وأذهب لابني بالمدرسة وأخذه وأرحل. لا، هذا هروب، لماذا أهرب؟ الخاطئات والضعفاء فقط من يهربون، هذا بيتي وإن كان على أحدنا الرحيل لماذا يكون أنا وابني بل هو من يتعين عليه الرحيل،

أأرحل وأترك له كل شيء هكذا يتزوج وينعم مع أخرى وأذيق ابني مر الحرمان والفقر بيدي؟

كلا، لن يكون، لو لم يعتذر ليطلقني وآخذ حقوقي المالية كاملة منه والبيت، لن أدعه يأخذ ذكرياتي وأحلامي ويذهب هكذا دون حتى أن يعلم كم تعذبت في حياتي معه، وللسخرية يظن نفسه أنه أحسن زوج بالعالم وأنا أؤكد ذلك حفظًا لماء الوجه أمام الناس والله يعلم الحقيقة المرة!! حسنا لأنتظر يومًا آخر ولن أرحل سوى بعد أن يعتذر لي وأسترد كرامتي منه رغمًا عن أرنبة أنفه...

لن أعيش له بعد اليوم بل سأعيش لنفسي ولابني، سأصبح الأم التي يتمنى وجودها بحياته؛ أم قوية وجريئة لا تخجل من نفسها وتخجل من الظهور معه في المناسبات لأنها لم تعد تعلم كيف تتحدث ولا فيما تتحدث منعزلة عن العالم لا تدري ما يجري خارج حوائط بيتها!!

فقررت أن تستعيد نفسها، لا يوجد من يستطيع إيقافي عن هذه المهمة الآن، أمسكت ورقةً وقلمًا ودونت خطتها وأفكارها...

قالت لنفسها:

«اممم.. حسنا أريد أن أتغير، أريد أن أستعيد نفسي لكني لا أدري من أين أبدأ؟».

وسكتت لحظة ثم سألت نفسها: ما الذي يجعلني غير راضية عن نفسي، ما الذي أريد استعادته؟

كتبت: «أتمنى أن أستعيد نفسي القديمة جسمانيًا، نفسيًا، روحيًا».

ووضعت خطة لكل واحدة:

جسمانيًا: عمل حمية ولعب رياضة يوميًا.

روحيًا: عمل خطة للرجوع لحفظ القرآن والتفسير.

نفسيًا: العمل على هوايات قديمة دفنت مع الحياة وإحيائها، ربما يساعد ذلك على خروج الروح من الإنعاش إلى الانتعاش.

وتمنت لو استطاعت أن تعود للعمل والاستقلال المادي مرة أخرى، ولكن الولد عنده امتحانات الآن وليس هذا وقته، بل الحقيقة أنها طالما كرهت عمل أمها وأبيها كانت تجلس بالساعات وحدها بالمنزل لأن بطبيعة الحال كان يخرج أخوها مع أصحابه ويتركها وحدها وهي لا تريد هذا المصير لابنها، بل كلاهما يحب قضاء الوقت معًا.

وسكتت لحظة ثم قالت: «أشعر بالسعادة فقط لكتابة هذه الخطة»، وتبتسم وتقول: حقًا دائمًا الهدف الأساسي للإنسان الذي يظل يسعى وراءه طوال حياته هو: كيف يكون سعيدًا؟

ما الذي يجعلني سعيدة؟ كان الحب ولكن قبل ظهوره بحياتي كنت ما

زلت سعيدة، إنها الخدعة أن السعادة توجد فقط مع حب الجنس الآخر.

الذي كان يسعدني: ركوب الدراجة، الجري، أي رياضة عامة، اللعب (وتبتسم كالأطفال، من منا لا يوجد بداخله طفل صغير ما زال يحب اللعب).

فتكتب: الرياضة.

وتستطرد في أفكارها، إن أسعد أوقاتها كانت تقضيها في الرسم وتذكرت كم اللوحات التي رسمتها وهي صغيرة وكم اللوحات التي ما زالت تذكر أفكارها في رأسها وتمنت لتجد الوقت لتنفيذها ولم يحدث أبدا، ما دامت تريد إسعاد نفسها فليكن بقضاء الوقت لنفسها وتجاهل بعض مهام البيت التي لا تنتهي ولا تظهر ولا يحس بوجودها أحد.

وتتوقف مقلتاها وتثبت على الساعة: «كل هذا جميل ولكن إذا عدى اليوم ومضى، ماذا عساي أن أفعل معه اليوم، هل أتعارك؟ لكني لا أحب العراك ودائمًا ما يغلبني بالصوت العالي والغضب؟! أأسكت؟ لكني لو سكت متى أثور إذًا ولو ضربني بالحذاء المرة القادمة والله لا ألومه فالعيب على من تفرط في كرامتها ولا لوم عليه إن استباح ذلك فأنا من فرطت في المقام الأول؟!».

وحين تعب عقلها من التفكير، قامت وصلّت وطلبت من الله أن يحل لها هذه الأزمة مع زوجها ويقويها على ما بلاها.

وقررت أن تقول كل ما تريد دون عراك ولا صراخ ولا مواجهة، كتبت

145

خطابًا قالت فيه كل ما يجيش في نفسها وكل ما يغضبها، ثارت بـه وهاجـت وصرخت فيه بأعلى كلماتها.

وبعد أن انتهت نظرت للخطاب وبكت وتـذكرت جواباتهـا لـه أول مـا تزوجا التي كانت تبث فيها حبها وشوقها له لأنها حين كانت تنظـر لعينيـه تتلعثم ولا تخرج ولا كلمة من على لسانها من فرط حبها له، وهـي الآن كتبـت عن كم المقاومة التي تقوم بها لمنع نفسها من كراهيته!!».

عجبًا للإنسان، كانت تظن أنها تدخل الجنة عند زواجها منـه وليس هذا الجحيم المستعر.

لقد تنازلت عن كل حقوقها الشرعية وكانـت سترضى وتكـون سـعيدة جدًّا لو فقط قال لها كلمة حلوة أو حتى قذف لها قبلـة مـن بعيد ولكنـه بخـل بالحنان وأغرقها في العـصبية والغضب والنقد المـستمر، وفجـأة تـصبح «فقط» الأشياء الناقصة هي أهم شيء له على الرغم من يقينهـا أنهـا أتفـه الأشياء لـه ولكن نظارات القتامة التي يرتديها قبل دخوله المنزل تبدل كل شيء!!

وطالما ذكرته بسيدنا محمد (صلي الله عليـه وسلم)، كـان يـستاك عنـد دخوله المنزل ويُدخل على أهله السرور مع دخوله.

وبعد قليل رن جرس الباب مرة أخرى قامت لتفتح، فوجدته ابنها مع زميلته ووالدها ومعهم رجل يحمل باقـة ورد كـبيرة وبديعـة. ووجـدت الـورد

146

مرسلاً إليها من زوجها وعليه اعتذار مما بدر منه في الصباح.

وبعد الاطمئنان على الولد وقد وجدته سعيدًا فرحًا بما فعله بالامتحان، وشُكر الزميلة وأبيها، وضعت الورد مكانه ولم تضعه في زهرية ولا اهتمت به مثلما كانت تفعل في السابق، وقد تعجب الولد من ذلك ولكنه لم يعلق بل وجد الأم تأخذ الكارت المرسل مع الورد وتضعه في المطبخ في طريقة لمحاولة إظهار الإهمال به.

ولم تهتم بالولد كالعادة بل لأول مرة تتوقف عن تدليله ومساعدته بتغيير ملابسه وإرجاعها بنفسها في الدولاب، بل طلبت منه أن يفعل ما يعرف أن يفعله، فهي لن تبالي بدلاله فتاة تعمل في خدمته، ورفعت شعارًا جديدًا على مسامعه: «كل يخدم نفسه»، هي ليست خادمة ولا جارية، هي من حقها أن تعيش مثلهم تمامًا، كانت تعمل كل شيء لكل أحد عدا نفسها وآن الأوان أن تدلل نفسها وتعطيها بعض الوقت هي الأخرى!

وقامت وملأت البانيو بالمياه واسترخت وملأت رئتيها ببخار الماء ثم غطست تحت الماء تمامًا كأنها تعود جنينًا في رحم الأم حتى كادت تختنق فخرجت وهي تملأ رئتيها بالهواء كأنها ولدت للتو، شعرت بانتعاش مريب وتمنت لو كانت ظلت كما كانت تعيش اليوم لليوم، لا تفكر ولا تقيم ولا تتذكر ولا تحلم، سعادتها في سعادة زوجها وولدها ودامت الحياة على ذلك لا يعوزها ما هو أكثر من ذلك، نجاحهما هو نجاحها وتظل ترى الحياة خارج بيتها من

عيونهما وحكاياتهما وخلال يومهما، ودمتم، ولكن سحقًا للأنانية والذاتية سحقًا لنكران الجميل والمعروف سحقًا لعدم الرحمة وعدم المودة!! هناك مشاعر لا بد أن يعمل الزوج على قتلها ودفنها إلى الأبد وإلا عادت كالأشباح ولن يتمكن بعد عودتها من قتلها ودفنها مرة أخرى!! منها شعور المرأة بغدره وفقدانها إحساس الأمان، فمهما حاول إصلاح ما أفسد لن يستطيع دمل جرح الانكسار بداخلها!! ومرت أمامها سنين العمر تجري سنة وراء الأخرى، لا تتحسر ولا تندم فهي فعلت ما كان يجب أن تفعل ولم تقصر، إذًا عليها الآن أيضًا أن تفعل ما يجب أن تفعل حتى لا تندم!!

دخل الأب المنزل وسمعته يحدث الولد وقُبض قلبها لذلك ولكنها لا لن تعود عما قررت وإن كان لا يعلم ولم يقدر ما قدمته له عن طيب خاطر فلتحرمه منه حتى يقدر رغمًا عن أرنبة أنفه وكل شيء بمنتهى الأدب والشياكة!! قامت بعد أن انتهت من حمامها وخرجت لتجده في حجرة النوم يقرأ الخطاب، قالت بتهكم: «حمدا لله على السلامة».

– «الله يسلمك».

لم يعبأ بتكملة الخطاب ولا ما فيه.

ولم يعتذر عما بدر منه في الصباح، إنما قام وأحضر لها علبتين صغيرتين بهما هدايا.

فنظرت إليهما شذرةً ولم تعبأ هي الأخرى بفتحهما، سرّحت شعرها

وخرجت لتسأل الولد عما يريد أن يأكل ليطلباه من الخارج.

فسأل الأب: «ألم تطبخي اليوم؟».

– «لا، ومن اليوم يجب أن تترك أموالاً لي وللبيت إذ ربما لم يكن لـي مزاج للطبخ، ليقم كل شخص بواجبه».

قال الصبي اسم المطعم فقالت للولد أن يختار لها ما تأكل فهـي نـسيت هذه الأماكن منذ أن تزوجت ونظرت لزوجها في عينيه بحدة ثم قالت لابنها ألا ينسى أن يسأل أباه عما يريد أن يأكله.

فجلس الأب بجانبها وفي يديه العلبتان وقال: «ألن تسألي ما هذا؟».

– «عمري ما سألت فلِمَ أسأل اليوم؟! هل هناك ما تغير؟!».

– «افتحيهما، هما هديتان لك».

ففتحتهما بعدم اهتمـام ووجـدت بواحـدة كوبًـا وفي الأخـرى، سلـسلة ذهب صغيرة ورفيعة.

قالـت: «شـكرا، لكـني لا تعجـبني هـذه السلـسلة أريـد أن ترجعهـا وتأخذني لأختار شيئًا آخر».

ففوجئ بالرد وهي التي كانت طالما ما تتهلل لأتفه الهدايا وتشعره كأنه دخل عليها بكنز في حين أنه دخل عليها بوردة فقط.

فقال: «لا أريدك أن تزعلي».

– «قل أنا آسف أنا غبي وسأتوقف عن العصبية».

فقالها خوفًا من تغيرها المفاجئ فهو لم يعد يعرف مـا برأسـها ولكنـه يعلم جيدًا أنها عنيـدة وعنـد غـضبها قـد تتـصرف بمنتهـى العنـف وبطريقـة مفاجئة لا يتوقعها، فقام ودخل حجرة النوم وبدأ قراءة الخطـاب بعنايـة هـذه المرة.

وبعد الأكل قامت لتبدل ملابسها فسألها إلى أين ستذهب، قالت إنهـا تريد شراء بعض الأشياء من مكتبة قريبة لها ولابنها.

وبعد إظهار امتعاضه قام ليشتري ما يريدان بعـد أن لاحـظ إهمالهـا في الورد ورأى الابن هو من يضعه بالزهرية ولاحظ رمي الورقة التي كانت مرفقـة بالخطاب في المطبخ ولكنه ظن أنها غاضبة بسبب كسر الكوب الخاص بصديقتها المقربة وستصبح في الصباح كالعادة ناسية لكل شيء.

وفوجئ بها داخل المكتبة تشتري أدوات رسم وزيـت، وسـألها إن كـان الولد يحتاج هذه الأشياء فأجابت بل هي التي تريدها؛ لأنهـا قـررت أن تفعـل شيئًا يسليها بدل البحث عن عمل وأنها قررت أن تتمتع بحياتهـا وأنهـا ملـت شغل البيت وستبحث عن خادمة تطبخ وتنظف وسيكون لديها إذًا وقت تقضيه لتسلية نفسها والعودة لما تحب.

فاشترى ما تريد راضخًا ولم يعلق، وعند العودة للبيت وجـدها تحمـل التليفون وتكلم صديقتها بـالتليفون وهـي مـا كانـت لتفعـل ذلـك أبـدًا بالـسابق

احترامًا لوجوده بالمنزل وتطلبها في الصباح فقط.

وقامت لعمل الشاي والكاكاو ووجدها غسلت الكوب الجديد لتشرب فيه فتشجع وقام ليغازلها وهو لم يقترب منها ولو بقبلة من عدة سنوات..

وهي كانت تتصرف ببرود ونظرة احتقار واضحة بعينيها وحين بـدأ بالتمادي وافتعال أي حوار وقول أي كـلام، خبطت الكـوب الجديد بكوعها وأوقعته وكسرته واعتذرت بكلمات واضحة: «أنا آسفة».

ولمت المكسور ورمته بالزبالة وقالت: «عمومًا هـو كـان رديء الـصنع»، وقالت وهي تنظر له متحديـة: «حـين يحـضر إنـسان هديـة كاعتـذار عليـه أن يكلف نفسه بعض الوقت للاعتناء بالهدية وألا يترك البائعة أو السكرتيرة هي التي تختار».

ففوجئ بتعليقها هذا وتعجب فقالت: «ببساطة أنـت زمـان لـو تتـذكر تعرف أني أكره هذا اللون ولا أطيقه، فلو أنت الذي اخترت ما كنت لتختار لي هذا اللون أبدا! !».

فشعر بخجل من فعلته وأنه تـرك البائعـة تختـار لأنـه كـان مـشغولاً بمكالمة شغل مهمة ولم يعبأ، المهم عنده أنه يحضر لها أي كوب بديل والسلام.

ومر اليوم ولكن عند عودته في اليوم التالي وجد زوجته لم تطـبخ أيـضًا واشترت أكلاً من النقود التي أخذتها منه في الصباح احتياطيًا تحسبًا لأي حالـة جنون أخرى تصيبه وأصرت أن يطلب والد الفتـاة في التليفون أمامهـا ويـشكره

151

على معروفه معهم لتسمعه كلمة «معروف» وتجعله يشكر الآخرين عما قاموا به معه وهم غير ملزمين بذلك.. ففهم المغزى ونفذ ما تريد لأنها محقة.

ولكنه فوجئ بلوحة رائعة قد رسمتها، وقال الابن فخورًا إن والدته وافقت أن يأخذ اللوحة في اليوم التالي للمدرسة ليعرضها على زملائه.

وبعد عدة أيام وجدها تقول له إنها تعاقدت مع إحدى صديقاتها القدامى التي افتتحت أتيليه للملابس، على أن تقوم بتصميم بعض الملابس وتأخذ نسبة صغيرة جدًّا من الربح العائد وأنها وافقت.

وقال إنه لا يمانع بل سيسعد ما دامت ستشارك في مصاريف البيت، أحزنتها كلماته هذه ولكن أخذتها عزتها وكبرياؤها، ففسر أن الأدوات التي تستخدمها باهظة الثمن وظل يتحدث ولكنها حقيقة الأمر لم تعد تسمعه أو تعبأ برأيه، واكتفت بفخر ابنها بها.

وفوجئ بتليفون من رجل يطلب محادثتها، فانزعج جدًّا فاستطرد المتصل وعرف نفسه على أنه والد الفتاة الذي قام بإيصال الولد في اليوم السابق، فتصور الأب أن ابنه قد قام بشيء سخيف ويريد أن يلوم الأم فلم يهتم أن يفهم شيئًا ونادى عليها لترد على التليفون.

وبعد المكالمة سألها عما فعل الولد ولأنها مهملة في تربيته وأصبحت مهتمة فقط بمشاريعها ونفسها فضاع الولد وأخلاقه وتصور أنه تحرش بابنة المتصل و..

فقاطعته وقالت بهدوء: «كفى خيـال المرضي هـذا فأنـت تـشعرني بالغثيان، أنا حقًا متعجبة كيف لم أدرك ذلك مـن قبـل، حقًا أنـا نادمـة علـى الزواج منـك!! وللعلـم الوالـد كـان يتـصل ليعـرض علـيّ أن يقوم بعمـل موقـع إلكتروني أبيع فيه لوحاتي لأنه رآها مع ابني وأعجبته ويعتقد أنهـا ستحقـق ربحًا جيدًا».

– «أيعاكسك هذا الرجل أمامي هكذا؟!».

فنظرت له باشمئزاز ودخلت المطبخ وقال إنه غير موافق وإنه لا يعجبه نظرات هذا الرجل لها ولا يريده أن يحدثها مرة أخرى، وكان حديثه هذه المرة صادقًا فعلاً مليئًا بالغيرة عليها؛ ففرحت لأول مـرة وقالـت: «لا مـشكلة أنـا في جميع الأحوال لا أرسم لأبيع، إنما أرسم لنفسي، ولمزاجي ولسعادتي».

فتهلل وجه الزوج لأنها أطاعتـه ولم تخالفـه ولم تـرد عليـه بنديـة أو تتهمه بالخوف من نجاحها أو بالغيرة منها، فكل ذلك كان ما زال واضحًا وقد يُفهَم كذلك من كلامه!!

ولكنه منذ ذلك اليوم أصبح يعطيهـا اهتمامًـا أكـبر ويعنيهـا بالاهتمـام بدلاً من أن تضيع منه خصوصًا مع وجود منافس قوي مثل ذلك الجـار الجديـد الذي وضح إعجابه بزوجته.

وتذكرت حينها مقولة كانت تقولها صديقتها صاحبة الأتيليه: «إن كان زوجك لا يقدرك فيجب أن تذكريه بعدد العرسان الذين تمنوا زواجك وفي اليوم

153

الذي ينكد عليكِ به يجب أن تذكريه كم رجلا حلم أن يسعدك في مقابل ابتسامتك فقط، ليعود لرشده ويقدر النعمة التي بين يديه».

ومنذ أن بدأت هي باحترام ذاتها ورغباتها وتحقق أحلامها وتنفذ طموحاتها، بدأ هو الآخر يحترمها ويفخر بوجودها في حياته مثلما كان يشعر أول زواجهما.. خصوصًا بعد أن فقدت الكثير من وزنها واستعادت رشاقتها مثل أول زواجهما.

من يريد إصلاح الغير عليه إصلاح نفسه أولاً، وقبل أن تطلبي من زوجك أن يتغير، غيري نفسك أولاً وليكن هذا التغيير صادقًا لنفسك في المقام الأول قبل أن يكون لغيرك.

كوني مَن تحبين أن تكوني وابدئي فورًا فالوقت المناسب هو الآن وليس غدًا.

لا تقولي لا صلاح لما أفسده الدهر، فنحن من نفسد أنفسنا ونحن من نصلح أنفسنا.

أنا والاستقرار

كم أكـره هـذه الكلمـة وهـذا المعنـى وهـذه القيمـة الـتي تحملـها هـذه الكلمة؟!

لا أستطيع عدّ المرات التي لعنت بها هذه الكلمة... فمجرد قولها أمامي كافية لتجعلني أغضب، أغضب جدًا، أغضب بعنف.. بمجرد ذكر هـذه الكلمـة تجرفني الآلام والذكريات..

فكلما تذكرت معاناة مررت بهـا في هـذه الـدنيا الرخيصة كانـت هـذه الكلمة مرافقة لها، كلمة «الاستقرار».

عانيـت لـمدة ثـلاث سـنوات مـن حيـاتي كـان عنوانهـا الوحيـد هـو «الاستقرار».

كنت بها غاضبة حانقة كارهه لكل ما حولي ومن حـولي ثـائرة نهـارًا باكية ليلاً ولم أكن أسمع قدر هذه الكلمة، كل من حولي يكررها «الاستقرار يـا إنجي»، «الاستقرار»، لم أكن أراها سببًا كافيًا لكـل مـا أعانيـه وأتـألم منـه، لم أشعر قط أنها تكفي لإنهاء حياتي على هذا النحو فداءً للاستقرار!!

كنت أراها ضعف إيمان، قلة حيلة، غباء في كثير من الأحيان، أنانية، قلة خبرة، قلة حنكة.. الخ، المفروض أن هذه هي المسميات الحقيقية و«الحقة» للأشياء ولكن كان كل من حولي يسميها «استقرار» وكلنا نموت نمـوت ويعـيش

155

الاستقرار كلنا فداء الاستقرار.

وحين كنت أعترض وأثور وأسمي الأحداث بأسمائها الحقة، كان هناك الكثير ينعتني بـ«عديمة الرضا» أو «معترضة على القدر» أو «رافضة للنعمة» وربما رأى البعض أني مجنونة!!

كنت أتعجب منهم!! كنت أحيانًا أشفق عليهم فهم مرضى، مختلو العقل، كيف أعترض على القدر والقدر هو الله، والله لم يقل أن ندفن أنفسنا ونحن أحياء، كيف نخاف المستقبل والمستقبل بيد الله والرزق والتوفيق بيديه، هو أمرنا بالسفر والترحال؟! أليس هذا هو الركن الخامس من أركان الإسلام حج البيت لمن استطاع إليه سبيلا؟! أليس هذا سفرًا وترحالاً ومشقةً.

عجبًا.. كيف يرى الناس الأشياء؟ أنا أراها نقمة وهم يرونها نعمة مقدسة يجب السعي لها والحفاظ عليها!! ربما لولا اختلاف الأذواق لبارت السلع، وكل شيء في الدنيا سلع ومتاع حتى القيم والأخلاق والمعاني غير الملموسة؟!

أذكر هذا اليوم جيدًا حين طلبني على التليفون لأقرر وطلبتني بعدها أمي تقول لي «بكلمة واحدة منك تجعلينني أرتاح وأطمئن عليكِ وأشعر أني أتممت رسالتي».

قلت: كيف؟

قالت: الآن أنا مطمئنة عليكِ بعمل مستقر دائم مرتبه مرتفع وترقياته

مضمونة وتأمينه الصحي رفيع المستوى، هكذا اطمأننت على مستقبلك المهني، ولو قلت إنك موافقة على هذا العريس، سأطمئن على مستقبلك الشخصي، فهو طيب ويحبك ويخافني، وبهذا أضمن أنه لـن يهينـك أو يغـضبك يومًا وهكذا سيستقر زواجك، حتى لو حبك نضب سيخافني ولن يؤذيكِ!!

لم أجد جدوى من الكلام؟! قلت: حاضر سأفكر.

وبعدها بشهر كنت قد تركت العمل ورفضت العريس وسافرت أوروبـا والتحقت بعمل جديد كنت حلمت به منذ كنت طفلة صغيرة.

في تلك الساعة وأنا عائدة من السجن، قصدي الشغل، بعد الإفراج عـني بعدما أتممت الثماني ساعات العقوبة عليّ يوميًا لأحصل على بعض الجنيهـات ثمن حبسي في نهاية الشهر.

وبعد مكالمة مامي تلك قلت لنفسي: لأوافـق وأعـيش كمـا يعـيش كـل هؤلاء، ونظرت حولي ولم أجد سوى بؤس وحزن وحسرة، كلهم باعوا أنفسهم لهذا الذي يسمي الاستقرار، كلهم كارهون لعملهم، لا يفعلون شيئًا سوى الأكل والشرب طوال اليوم ويظنون أنهـم بهـذا أذكيـاء يأخـذون مرتبـات وامتيازات ومصايف وتأمينًا صحيًا مقابل عمل لا شيء، لا شيء بالمرة.. إذًا هم هكذا أذكياء فقط مطلوب منهم الجلوس ثمـاني ساعات يوميًا فقط لا غـير.. إذًا هكـذا هـم أذكياء!!

وحين تدقق في منطقهم وتسألهم تجد سبب سعادتهم والنشوة تقفز مـن

157

عيونهم وهم يجيبون أن غيرهم يجلس هذه الساعات ولكن يأخذ فلوسًا أقل.. إذًا هم أذكياء بائعون أشطر باعوا حياتهم بثمن أعلى.

ولو سألتهم عن أولئك الذين يعملون ويقدمون جديدًا تجدهم ينظرون بالأرض ويقولون: «أغبياء، لماذا أتعب وأنا ممكن أن أرتاح، فلو تعبت يومًا ولم أعمل طردوني أما الآن فأنا مستقر هكذا؟!».

سألتهن: ما الجميل بالزواج؟ قُلن: الاستقرار. سألت ثانيـة: أأنـتن سعداء؟ قُلن: رضا، عايشين وظل راجل ولا ظل حيطة!!

قلت إذًا أعيش مثل كل الناس اللي عايشين!! أعيش باستقرار حتى لو عملت بوظيفة لا أعمل بها شيئًا بالمرة، ولكن وظيفة مستقرة أي لا أحد يستطيع أن يرفدني، أتزوج هذا العريس التعيس ولأتعس معه وأتعسه أكثر من أجل أن أكون مستقرة ويراني النـاس مـستقرة وأنجـب أطفـالاً مثـل النـاس لأدعـم هـذا الاستقرار ليس حبًا في الأطفال ولا حبًا في هذا الزوج فأنجب منه ليكونوا شبهه أو امتدادًا منه وله بل الواقع يقول لو كانوا شبهه حقًا لكرهتهم ولكـن لا يهـم، يجب أن أنجب حتى لا يفكر في الهـرب مـني والـزواج بـأخرى، كـما يقولـون «أربطه»!!

مـا دمـت قـررت أن أعـيش مثلـهم إذًا لا بـد ولزامًـا وحتمًـا أن أعـيش بقوانينهم وأفكارهم ليقبلوا أن أسير معهم بالقطيع.

نعم، هم قطيـع لا أكثـر؛ فـالحيوان لا يفكـر سـوى في الأكـل والـشرب

158

والجماع.. والله خصّنا بالعقل وميّزنا به عن سائر الحيوانات.. نحن حيوانات مفكرة أو هكذا يدعي بعضنا ولكن الغالبية العظمي يحبون ويفضلون أن يظلوا حيوانات، المهم أن تكون مستقرة، ما دامت مستقرة إذًا لا مانع أن نصبح حيوانات فقط دون تمييز أو تفكير.

لأظل بهذا السجن – قصدي هذا العمل – وأتزوج هذا الحلوف – قصدي العريس – وأنجب حلاليف صغيرة – قصدي أطفالاً – وأسير مع القطيع، فلا شيء يميزني عنهم كما تقول أمي لا أزيد يدًا أو رجلاً!!

آسفة يا أمي.. أنا أخاف الله وأخاف يوم الحساب حين يسألني عن عمري فيما أفنيته كيف أجيب وأقول: أفنيته من أجل أن يرضى القطيع أن يضمني معهم لأكون ضمنه ضمن القطيع؟!

عن شبابي فيما أضعته؟ كيف يكون جوابي: في أوتوبيس ذهابًا وإيابًا وعلى المكتب نهارًا وأمام التليفزيون مساءً وفي السرير ليلاً حتى لا تلعنني الملائكة!!

وعن مالي فيما صرفته كيف يكون جوابي: للحفاظ على ذلك كله للحفاظ على صورتي وسط القطيع لأنال شرف رضا القطيع عن استمراري في وسطهم!!

بلدي والاستقرار

والآن ما زالت هذه الكلمة تطاردني «الاستقرار».. الحكومة والمجلس العسكري يسلبوننا أموالنا وعدلنا وتُسفَك دماء شبابنا وتنتهك أعراضنا وتسحل وتعرى بناتنا ويُكشَف عن عذريتهن ويستشهد إخواننا في كل أرجاء البلاد ونحن لا نفعل أي شيء بحجة الاستقرار!!

فلتستقروا يا مصريين فلتنضموا للقطيع ولكن تذكروا أن هذا هو الاعتراض على قدر الله لقد قالها رسولنا الكريم أننا في رباط إلى يوم الدين، أي في جهاد وقتال واستشهاد.

اختاروا الاستقرار وعيشوا ميتين، حصنوا أنفسكم ببيوتكم ولكن تذكروا أنكم ميتون لا محالة في النهاية متكفنين كمدفونين.

فموتوا بشرف وتكفنوا بدمائكم فهي أغلى كفن وروائحكم العطرة تعبّق قبوركم.

لم نخلق لنعيش باستقرار ولكن خلقنا الله لنحارب.. وهيهات أن يكون الجهاد هو فقط نفخ عجلة الإنتاج المخرومة.

كم أكرهك أيها الاستقرار!! حقاً ما علم قلبي قط الكراهية لكني حقاً أبغضك بغضي لزلات نفسي وأخطائها!!

حياة بلا حلم

لأول مرة منذ أن ولدت أكره الصباح والنور حين طل من النافذة، لأول مرة منذ أن ولدت لا أخاف ظلمة القبر، وحقًا لقد كرهت وجودي ليوم آخر جديد في هذه الحياة الصدئة، كنت دائمًا أشتاق للمستقبل والنهار والنور والأحلام واليوم الجديد والهواء والفجر الرطب لكنني حقًا اليوم أكرهها.

لا أريد الكلام اليوم، ربما أريد الكتابة، ربما ليس لي رغبة في تحريك فكي ولساني، أريدهما أن يستقرا ساكنين قابعين في ظلمة فمي، كنت دائمًا أشعر أنه حين أتوقف عن الأحلام سأموت، وها أنا ذا توقفت عن الأحلام ومت، هذا ليس مللاً ولا سأمًا، فأنا أعرف هذه المشاعر جيدا!

أحاول أن أحلم، أعصر رأسي، أفرض على نفسي وعقلي أفكارا ومشاعر ولكن هيهات.. دائمًا الأفكار هي التي تفرض نفسها على رأسك وليس العكس.. الأفكار حرة طليقة لا يستطيع أحد أن يرغمها على الدخول للرأس بالقوة!!

أتمنى أن أجد حافزًا على الحياة، «حلم» أعيش به وله، أتنفسه في كل لحظة فيمدني بترياق الحياة والحيوية!

أمي تقول إني زهدت الدنيا وما فيها ولم يعد بها ما يغريني للحياة.

زوجي يقول إني أحتاج لسفر جديد للتجديد فوق الغربة التي نحن

بها؟!

ابنتي تقول طلبات لا تنتهي طوال الوقت؟!

البيت يضج بواجباته اليومية على الرغم من أنها لا تظهـر ولا تنتهـي ولا تُغير ولا تتغير!!

ولأول مرة منذ أمد بعيد لا يصرخ قلبي ولا عقلي ولا نفسي، كـل شـيء ساكن ميت لا حياة فيه، لا شيء يستفزه ولا شيء يحفزه، لا حلـم، كـل شـيء رابض يستجدي الموت ليجيء ولكن لم يأن الوقت بعد!

مشاعر الفرح والألم

عجيب هـذا الإنسان!! حـين يحـزن ويتـألم يكتـب مواويـل ويغـني الأشعار والدواوين وتنهال الكتابات والتحليلات، تسرد آلاف الكلمـات لتعبـر عن مقدار مشاعره، ولكن حين يتحدث عن مشاعر الفرح فهو يتحدث باقتضاب وفي الأغلب يستخدم عدة تعبيرات محددة ومعروفة ومع الأسف محـدودة جـدًّا وفي الأغلب لا تعبر بدقة عن المشاعر الحقيقية للفرح. مثل الطيران في الهـواء، كيف هذا يعبر عن الفرح ومن طاروا في الهواء في الحقيقة بالتأكيد سيذكرون لك قصة كسر أحد الأعضاء بعدها!!

لا أدري لماذا هذا، هل الإبداع حقًا وليد الحـزن والحرمـان وابـن بـار للصدمات، أم أننا لم نتعلم كيف نعبر عن فرحنـا سـوى بـدموعنا أيضًا وتـذكُّر الأحزان التي انتهت لهذا الفرح كأننا لا نريد أن نفرح، نتذكر من تركنا ورحل لوفاته أو لعذر، ناسين من هم معنا فعلاً؟!

أهو عيب في تعلّم فن التعبير؟

حتى مع الأهل والأصدقاء، تجد كلمات اللـوم سـهلة ومنـسابة وتـرص على اللسان دون أن يبذل العقل أي مجهود يُذكر، ويتوقف عن العمل تمامًا عند الشكر والامتنان؟!

163

لقد انزعجت من نفسي مؤخرًا حين قام زوجي وبعض أصدقائي بعمل أشياء جعلتني أشعر بسعادة فائقة، ولكن أنا؟! أنا التي دائمًا تُنعت بأن لديها لسانان وليس واحدًا، كأن لساني شُلّ وعقلي فجأة فقد القدرة على تكوين جملة مفيدة، أصبحت سرعة تدفق المشاعر أكثر مما يحتملها المخ فتوقف عن العمل؟!

تعلمنا في كتابة الرواية أنها ثلاث مراحل: مقدمة، حبكة درامية، وخاتمة. كان مدرس اللغة العربية يشبه الحبكة بأنها قمة جبل الأزمات حيث تصبح الأزمة على آخرها وتغلق كل الأبواب عدا واحدًا صغيرًا مهملاً منزويًا غير متوقع، تخرج منه كل الحلول وخاتمة القصة!!

يجب أن تكون هناك مشكلة حتى تكون هناك قصة، دون مشكلة لا توجد قصة!!

كلنا نمر بأيام حلوة وأيام مرة، لماذا الأيام المرة تمر أبطأ وتظل ذكراها أعمق وأكثر إيلامًا في حين أيام الفرح تمر سريعًا وربما لذلك ينساها الإنسان سريعًا ولو تذكرها لا تنعشه وتفرحه مثل لحظتها ولكن اللحظات الحزينة دائمًا لها نفس الأثر على الإنسان كلما تذكرها كأنها حدثت للتو!!

كثيرًا بحثت عن سبب ذلك ولم أصل لتحليل علمي لذلك سوى بعض إحصاءات عن ترددات في المخ وأشياء من هذا القبيل. لكني أعتقد أن سبب ذلك هو أن عند اللحظات الحزينة أو الصدمات والمشكلات، الإنسان يستخدم عقله

لمحاولة إيجاد حل للمعضلة، فيسجل العقل كل البيانات بمنتهى الدقة ربما أيها كان بها حل المشكلة ويحللها فتخزن جيدًا بالذاكرة. ولكن عند الفرح يقفز القلب وتنتعش أطراف الجسم ولا يعمل المخ بنفس الكفاءة والدقة في تسجيل كل شيء، فتمر اللحظات أسرع والذكرى أكثر خفوتًا وأقل وهجًا.

أذكر فيلما جميلا – من وجهة نظري – يصور قصة سفينة تغرق وينجو طفلان فقط ويتقابلان على جزيرة ويكبران معًا وكيف يخترعان لغة خاصة بهما ليتفاهما معًا. الفيلم بالنسبة لي كأنه الجنة: لا مشاكل، لا غيرة، لا عراك، دائمًا متفاهمان ويحبان بعضهما بعضًا، ولكن خالتي – التي شاهدت معي الفيلم – لم يعجبها الفيلم بالمرة قائلة إن الفيلم ما هو إلا إعلان لتلك الجزيرة الساحرة فقط لا غير!! لا مشكلة، لا قصة!! ماذا عالج هذا الفيلم؟ لا شيء، إنه دون قيمة!!

حينها كنت في فترة امتحانات وفي سري أجبت على سؤالها قائلة إن الفيلم قد عالجني أنا!! لقد نقلني من منظر المباني القبيحة ووجوه الناس التعيسة إلى مناظر طبيعية خلابة، فعند كل مشهد كنت أود إعادة مشاهدته عدة مرات وألا ينتهي بل يظل هكذا للأبد.

هناك أناس يخافون الحسد فلا يذكرون ما بهم من نعمة حتى لا تضيع منهم، فتضيع كل المتعة بمشاركة الشخص الناس الفرح!!

165

كـم أود أن أقـرأ كتابًـا دون ألم، يحكـي عـن السـعادة والحـب والنقـاء
والإخلاص. لا أطلب يوتوبيا، أطلب التوقف عند اللحظـات السـعيدة ومحاولـة
وصفها وتأملها. الأطفال يعبرون بأجسادهم عـن الفرحـة بالتـصفيق والتنطيط،
وسجدة الشكر هي تعبير الكبار عن الفرحـة.. آمـل أن أجـد يومًـا بحثًـا لغويًـا
لتجميع التعبيرات والتشبيهات والكلمات التي استخدمت للتعبير عـن الفرح
فقط دون أي شوائب أو ظنون أو قلق لعلي أجد ما يكفيني للتعبير عـن الفرح إن
شاء الله.

مصر من داخل البلورة

(كتبتها في أبريل 2012)

قبل وصولي لمصر كنت أتابع الأحداث عن كثب ثانيةً بثانية وكنت أفاجأ ببعض أفراد عائلتي لا يعلمون أو حتى سمعوا عما أقول وأفاجأ بذلك لأني أرى أن ما حدث، حدث جلل.

مصر من الخارج كأنك تراها من خارج البلورة السحرية فترى كل شيء، كل التفاصيل، كل الوجوه.. تعلم المهم ولا تنشغل بغير المهم، الوقت الطبيعي الذي كنت تقضيه مع أهلك تجدك تقضيه في متابعة الأخبار ومؤخرًا أصبح الجميع لزامًا عليه سماع الأخبار فربما سمعت أو رأيت شيئًا عن أحد أفراد عائلتك أو أصدقائك أو معارفك، فالأحداث أصبحت تلمس الجميع وليس فقط هؤلاء الذين يعملون بالسياسة، هناك من يعبر الشارع دون قصد في الوقت الخطأ محاولاً الابتعاد عن مصدر الخطر فيلحقه الغدر!!

أما مصر من داخل البلورة فما زالت تبدو رائعة كملكة جمال أصيبت بمرض خبيث، جميلة حتى وهي عليلة..

نقف في طابور البنزين في ساعة متأخرة من الليل بعد البحث والمرور على عدة بنزينات أجاب العاملون بها بابتسامة عريضة جدًا أنهم ليس لديهم

بنزين، نتركهم ونحن نتعجب من هذه السعادة التي في غير موضعها ونتعجب أكثر من استمرارهم بالوجود في البنزينة ما دام لا يوجد بنزين، ويختفي العجب حين أتذكر جزءًا من ماضٍ ينص على وجودي بمقر العمل حتى لو لم يكن هناك عمل أقوم به أصلاً، أغلب المصريين يقبضون المرتبات على الحبس بمقر العمل لحين انتهاء المواعيد الرسمية، أنفض هذا الماضي الأليم عن رأسي وأدير عيني وأركز على البحث عن بنزينة جديدة.

نقف في «استنسلام» أمام البنزينة وسط طابور يسد الشارع وسيوقفه بعد عدة سيارات أخرى ليعاني الجميع من البنزين والزحام وتوقف الحال، ولكن الجميع يعيش يتذمر داخل السيارة والزجاج مغلق لا يُسمع من الخارج، الجميع في «استنسلام» وطوابير:

الغلابة: طوابير عيش وسولار.

متوسطو الحال: طوابير أنابيب.

الأغنياء: طوابير بنزين.

المتعلمون والكثير منهم من النصارى: طوابير سفارات.

يضيع تعب كل ذلك عند القلعة وهي مضاءة ليلاً.. تراها، تشعر بانتعاش روحي، أتأمل السور العملاق أنتقل بروحي لزمان غير الزمان زمن صلاح الدين وكيف كانت هذه المنطقة هي آخر القاهرة وما بعدها صحراء جرداء

لا زرع بها ولا ماء، سور يصد الأعداء ويحمي الغلابة من المصريين. يمر منظر القلعة ويترك تعليقاً في صدري: المصريون غلابة على مر العصور من الفراعنة إلى الآن!!

مشاوير.. مصر كلها مشاوير، لم أنم سوى ساعة واحدة فقط وكان علينا الاستيقاظ لأداء بعض المشاوير، وأنا بالتاكسي أقاوم النعاس بعنف، نمر فوق كوبري ٦ أكتوبر، أرى المحطة والقطارات والبيوت.. البيوت تبدو حزينة يعلوها آلاف الأطباق والزبالة، كلها لون واحد: لون التراب!! أغفو فأراها ملونة بألوان الطيف.. أستيقظ فأدرك أنه كان حلمًا، أبتسم وأقول لنفسي «أحبك يا بلدي على الرغم من أن كل ما فيكِ يدفع لكرهك»!! ثم أدير رأسي للشباك الآخر فتصطدم عيناي بأقمشة على طول المباني تحمل صورة عمرو موسى، فأحزن على نفسي، وأتحسر على خيبة أملي به فأشيح بوجهي للناحية الأخرى، أجد إعلانات تحمل كلمة «الرئيس» the president، اعتقدت أنه إعلان لفيلم جديد في السينما ولكن يبدو أنه فعلاً فيلم جديد لكن في الواقع سنعيشه ونشاهد كل تفاصيله ولكن المسئولين عن الفيلم يصرون على أن نظل مشاهدين فقط رافضين أن يعطونا حتى دور الكومبارس الذي ارتضيناه بالفيلم (سأشرح ذلك في النهاية مع ليلة سفرنا وترك مصر للغربة مرة أخرى إن شاء الله).

وبعد عدة أيام تتأكد نظرية زوجي مرة أخرى أني ما زلت أعيش بعيون الأطفال، فأجد ابنتي هي الأخرى تتخيل خيالاً مماثلاً ويدور هذا الحوار ونحن على الأوتوستراد نمر بجانب منطقة شعبية،

فتشير ابنتي للمباني وتقول لي: ممكن ناخد دول معانا أمريكا؟

قلتلها: دول إيه؟ المباني؟!

قالت: آه، البيوت.

– ليه؟

– عشان نلونهم هناك ونرجعهم هنا تاني بس يبقي شكلهم بقي حلو!!

– هتلونيهم أي لون يا ريجو؟

– أخضر.

– اشمعنا؟

– زي الشجر والحشيش أصل هنا مفيش!!

تمر الأيام وأنا أحاول تسجيل كل شيء كأن عيني كاميرا لم تعمل من مدة فظمئي للصور، صور، صور كثيرة بعقلي أدق التفاصيل لا أغمض عيني حتى لا يفوتني شيء، دعوة كتب كتاب (عقد قران) أحد أعز أصدقاء طفولتي،

لا أستطيع الحضور على الرغم مـن وجـودي بمـصر وهـذا شـيء نـادر، أتخيـل حضوري وأتخيل وجود كل أصدقاء المدرسة والكلية أقابلـهم وأراهـم في مناسبة سعيدة وهذا شيء نادر أيضا (أتذكر أحد زملائي بالكلية يقول عـادة نتجمـع في المصائب!!)، يذكرني ذلك بكتب كتاب أخي الـذي لم أحـضره وأحـزن وأتـذكر كتب كتاب أعز صديقاتي حددته بالموعد المتوقع لنزولي لأحضره ولكن تحدث ظروف ولا ننزل، أتذكر حفل تسليم شهادة الماجستير تحـت القبـة الـتي طالما حلمت به وأيضًا لم أحضره، أتألم.. أحاول شغل نفسي بالتفكير في الآخرين فلا أجـد سـوى مـشاكل.. يـاه، المـشاكل الشخـصية والعامـة والمشتركة لا تعـد ولا تحصى، أشعر بالعجز والحزن.. صليت الفجر ودخلت لأنام فنحن نحافظ على مواعيد أمريكا لقصر وجودنا في مصر حفاظًا على أعصاب ابنتي ورأفـة بعقلـها، لكني لا أستطيع النوم فأقوم أنظر من الشباك: يا الله.. ما هـذا الجمـال، الفجـر وانقشاع الصباح وتظهر الشمس في القاهرة.. سريعًا، أسرع من أي مكان آخـر لا أدري فلكيًا السبب، أقول الأذكار وأدخل لأنام.

«فيها حاجة حلوة»: الأذان، الـشمس، الـسماء، الليل النـشط المُنـار، الناس... آه، الناس حلوين على الرغم من أن كلـهم يـشتمون بعـضهم البـعض، سمعت شتيمة في كل الاتجاهات، رأيت مظاهرات صوت القاهرة والناشطين أمام قاعة المؤتمرات، نمر بطريق النصر، أرى صورًا ضخمة لضابط بـالجيش يحمـل رضيعًا مكتوبًا عليها «الجيش والشعب إيد واحدة»، فأقرف وأشعر بالغثيان من

الغباء! ! حتى الآن لم أجد تفسيرًا لهذه الصورة؟! هل يرى المجلس العسكري الشعب على أنه رضيع؟! أم أنه يريد أن يقول للشعب إنه الوصي على الـشعب؟ أم أنه يقصد من هذه الصورة أن يقول إنه يدلع الشعب؟!

فيجيب التليفزيون المصري الذي ابتُليت بـه طـوال وجـودي بمـصر! ! يتحدث عن حل أزمة إضراب سائقي النقل العام بأوتوبيسات الجيش، طلباتهم كانت في زيادة المعاش؟! وعن تجربة البنزين وجدنا البنزين ببنزينات «وطنية» و«شل» وبعض الناس تحدثوا عن منافذ للجيش للعيش أو الأنابيب، الكل يعلـم أنها أزمات مفتعلة لا حقيقة لها تفتعلها الحكومة أو المجلس ليجد لهـا حـلاً عنده فيلعنه الرجل العادي الفقير قبل المتعلم والجميع لسان حاله: ارحموا مـن بالأرض، الكثير ما زال يحلم بالهجرة والسفر ويتحـدث عـن حيـاة كريمـة في الخارج؟! كأن ثورة لم تقم؟!

مصادفة أثناء هذه الرحلة القصيرة لمصر كنت أقرأ «قصة أيامي» للـشيخ كشك و«في مواجهة المدافع.. رحلـة فلـسطينية لأهـداف سـويف»، و«٧ أيـام في التحرير» لهشام الخشن، ورواية «الكيميائي» the alchemit.

الأحوال من زمن الشيخ كـشك لم تـتغير بـالمرة، أمـدتني «الكيميـائي» بالأمل، و«٧ أيام في التحرير» أكدت لي أني كنـت بـالتحرير، حقًا الأرواح لا تعرف المكان أو الزمان، وصـعقتني جملـة تكـررت في كتـاب أهـداف سـويف،

172

الجملة مضمونها: إن سياسة الاحتلال الإسرائيلي جعـل الحيـاة لا تطـاق فـلا تجد بدًا من الرحيل، وأعطت أمثلة لذلك مثل الطرق التي كـسرت حتى تـصبح غير ممهدة ومؤلمة من الهبد، انقطاع الماء والكهرباء والطاقة وغيرها، وتعجبت من تقارب بعض المـشاهد في القدس والقاهرة علـى الـرغم مـن كـل المحـاولات لجعلهما بُعداء، للعلم لم أسمع أحدًا يشتم إسرائيل أو يشتم أمريكا، التليفزيون المصري أصبح يشتم الأسد؟!

لافتات وملصقات لـصور مرشحي الرئاسـة تغطي واجهـات المنـازل، السيارات، عواميد النور، تقريبًا كل شيء، في البداية سـعدت أني أرى صـورًا لشخص آخر غير مبارك مكتوبًا عليها «رئيس مصر»، ولكن انزعجت بشدة من إطلالة الفراعنة في سلوك الكثير من تأليه الأشخاص، وددت لأتعارك مع هؤلاء على الرغم من أنهم مؤيدو المرشح الذي كنت سأرشحه قبل نزولي مـصر ولكن بعدما رأيته في عيون بعض الناس شعرت بالاشمئزاز، البعض لا يعرفون غير التعصب والبعض الآخر لا يعرفون سوى صناعة فرعون، غيرت فكري وغـيرت مرشحي لأن القديم لم يعمل على تصحيح هذه المفاهيم الجذريـة، لـيس خطـؤه وراثة هذه الثقافة ولكن كان حتمًا ولزامًا عليـه تـصحيح هـذا المـسار في حملـة تأييده ولكنه للأسف لم يفعل بالإضافة لأسباب أخرى بالتأكيد.

التليفزيون المصري قمة في الملل، نفس التقريـر عـن البابـا يعـاد مئـات

173

المرات متتابعًا وتتساءل كيف لا يستطيعون عمل الكثير من التقارير عـن البابـا تحمل معلومات جديدة كل مرة؟! يتغير هـذا التقريـر إلى تقريـر يـسأل سـؤالاً واحدًا لآلاف المرات: التصالح مع الفاسدين في مقابل جزء مـن أمـوالهم المُودعـة ببنوك مصر وليس حتى بالخارج؟؟

لا تقلقوا ما زلت بالقوة التي تسمح لي أن أمسك لـساني وأرجـو أن هـذا العدد الكبير من علامات الاستفهام يُوصل المعنى....

أصعق حين أجد من يؤيد الفكرة، يكون ردي سؤالاً واحدًا يصمت بعده الجميع للبحث عن موضوع آخـر للحـديث: هـل لـو ابنـك استـشهد بـأي مـن الأحداث الجلل بمصر ستفكر بالتصالح مقابل المال؟

أسأل في نفسي كيف أصـبح للمبـادئ والأرواح ثمـن؟! وثمـن في غايـة البخس؟! أحقا نحن بهذا الرخص؟!

ختامًا.. وأنا خارج البلورة كنت أتعجب كيف بمن داخل البلورة يسمح بمرور أحداث جسام هكذا، أحقًا تُنسى كما يدعي البعض، الإجابة حين دخلت البلورة: لا، لا أحد ينسى، لكنه يتجاهل!

يجب أن يعيش ويعمل ويعيل أسـرته ويطعـم الأفـواه، يـشعر بداخلـه بالخزي أنه ما زال يأكل ويشرب ويـستطيع أن ينـام، ولكـن لا خيـار في ذلـك، يتجاهل الأخبار، يتجاهل ما كان، يتجاهل خوفه مما سيكون، يتجاهل حتى

شعوره بالخزي لاستمراره بحياة يرفضها عقله.

«لماذا منفعلون بهذا العنف لما يحدث بالداخل، في حين أنكم تعيشون بالخارج؟».

صور الإعلام في الداخل دائمًا: أن الداخل هنا مفقود والخارج منها مولود..

لكن لأننا خرجنا ورأينا أننا أفضل بكثير من هؤلاء الأجانب وأن بلادنا أغنى بكثير من البلاد التي بالخارج ورأينا تكالب هذه البلاد للسيطرة على بلادنا وسرقتها حتى يعيشوا هم على قفانا ونعيلهم هم وأبناءهم وبدلاً من أن يشكرونا ينصّبون أنفسهم أسيادًا علينا، رغمًا عنا نغضب وننفعل لأننا لمسنا كيف أن خيرها لغيرها، حتى نحن، نعم نحن - المصريين بالخارج - من خيرها الذي ينعم بفائدته غيرها.

كتبت هذه الجملة لأربعة من أصدقائي ليلة سفري بعد ترشح الشاطر: أنا عيطت من كتر الضغط العصبي، كنت لسه باعلم بنت عم أريج الشطرنج من كام يوم وقلت لها العساكر دول عشان كتير، وظيفتهم مقصورة على خطوة واحدة بس ولما بيموتوا متزعليش، بس دورهم العظيم إنهم اللي يقدر منهم الصمود والوصول لآخر خط العدو نبدلهم بحاجة أهم.

أنا حاسة أني قيمتي أقل حتى من العسكري ده، العواجيز دول بيلعبوا

من غير حتى ما ياخدوا بالهم إننا في اللعبة.

يا ترى هل سأستطيع الصمود؟ لا أعلم.

هل يجب أن أفعل مثلما ينصحني أهلي وبعض أصدقائي بالتركيز على حياتي الشخصية وأعود لدراستي وأتجاهل أنا الأخرى ما يحدث من حولي؟ وألبس طوق الساقية وأدور وألف لحد ما أقع وينتهي كل شيء؟

مشيت وأنا نفسي أقعد وسافرت، بس المرة دي مختلفة عن كل مرة، كل مرة كنت باحس إني اتاخد مني حاجة، المرة دي بكل ما رأيته شخصيًا من مصاعب ومشاكل شخصية في الحياة، شعرت أني أخذت معي شيئًا، شيئًا جعلني أشعر أني أصغر سنًا، مليانة طاقة: (موِّنت زي العربية).

احذروا الفتنة، ركزوا من العدو الحقيقي، حاربوا الصهاينة ولا أحد سواهم وانصروا الحق ينصركم الله!

اعذروني على اللخبطة، الصور كثيرة جدًّا بعقلي وتتدافع رغمًا عني.

حريق بمصر ضد حريق بأمريكا.. من يكسب؟

صح، كلاهما خسارة..

لقد تسببت في إشعال منزلي مـرتين بحيـاتي مـرة بمـصر سنة ٢٠٠٥ ومرة بأمريكا سنة ٢٠٠٧ !!

لنبدأ بحكاية مصر، ولكن في البداية:

سؤال: «هل من ماتوا شهداء؟».

سؤال صدمني به كثيرًا أناس كثيرون في مختلف الأحداث منذ الثورة، أكثر ما أحزنني وحسّرني حـين وجـدت أحـد الـشيوخ يخـوض في إجابـة هـذه السؤال بعد مذبحة بورسعيد!!

لمعرفة رأيي بهذا السؤال لنبدأ بحكاية مصر:

عادي.. احترقت لمبة الحمـام فأشـعلت شمعـة ووضـعتها علـى غـسالة الملابس ونسيتها من شدة الإعياء وخرجت ونمـت فأمـسكت في كـيس مـسحوق الغسيل الذي اكتشفنا لاحقًا أنه شديد الاشـتعال فأصبح كـرة كبيرة مـن النـار فأشعل غطاء الغسالة الذي كـان – بالـصدفة البحتـة – ملامـسًا لـستارة البـانيو البلاستيكية.. وهوب هوب كـل شـيء اشـتعل واحترقت الملابـس الـتي كانـت

177

بالداخل وبدأت النار تزحف خارجة من الحمام جائعة بشدة تلتهم كل ما تقابله..

حمدًا لله استيقظت أمي وأيقظت أخي الأصغر وحاولت إيقاظي مرات كثيرة وأنا من شدة التعب والإرهاق أسقط نائمة مرة أخرى على الرغم من الدخان الأسود الذي يعبئ المكان ويخنقنا والنار التي تحيط بنا!!

هرع أخي للحمام لإخراج أنبوبة البوتاجاز!! فهي لو سخنت وانفجرت، ستكون قنبلة وتهدم منزلنا والمنزلين الملاصقين لنا بكل تأكيد..

وترنحت أنا إلى التليفون أطلب المطافئ.. أطلب وأطلب ولا أحد يجيب، فأطلب البوليس لأجد الطرف الآخر يرد بعصبية كأني متخلفة:

– هنا الشرطة يا ستي، اطلبي المطافي.

ويقول رقمها

– «طلبتها ولكن لا أحد يجيب والبيت يحترق!!».

– فيجيب مرة أخرى بنبرة بها استخفاف كأنه يقول: «يحترق برضه، بلاش هزار آخر الليل السخيف ده واتهدي واتخمدي».

وقال: «معلش، جربي تاني، افضلي وراهم لحد ما يردوا!!».

فأغلقت التليفون وكنت قد أصبحت في كامل يقظتي لحرقة دمي من هذا اللعين الملعون الذي رد عليّ.. وأيضا لإدراكي المتأخر أنه لن يلحقنا أحد، إما أن

178

ننقذ أنفسنا بأنفسنا أو نحترق!!

فحاولت مع أخي إخراج الأنبوبة ولكن بلا جدوى فهي ساخنة بدرجة لا توصف...

وبالطبع كنا فتحنا باب الشقة لتقليل الدخان حتى لا نختنق!!

وفجأة وسط الدخان وجدنا اثنين ممن كانوا يتعاطون المخدرات في الشارع يعرضون المساعدة ويسألون عما يمكن أن يفعلوه لإطفاء النار، حينها طلب أخي منهم حمل أنبوبة البوتاجاز معه خارجًا، وقد حملاها بمنتهى السهولة ومن المخدر لم يشعرا بأي ألم أو احتراق!!

واختفيا، وعند زوال هذا الخطر استطاع أخي الخروج من الشقة وإخراجنا جميعًا ونزل للسيارة لإحضار طفاية الحريق وأطفأ الحريق بعد التأكد من بُعدنا عن موقع الحريق..

وتم بحمد الله إطفاء الحريق..

هل ما زلتم تتذكرون أنه كان هناك هيئتان اسمهما مطافئ ونجدة!!

وحدث مثل الأفلام بعدما انتهى كل شيء ظهر فجأة رجال المطافئ!! أنْ أنْ آآاه.. ترلم لم لم!!

وبعدما حكينا لهم ما حدث، قالوا لنا إنهم سيفعلون فينا جميلة ويكتبون سبب الحريق ماس كهربائي وإلا ستكون هناك مشكلة وقضية

179

إهمال!!

ختامًا وإجابة عن السؤال الذي في أول القصة: أنا وأمي وأخي مدينون بحياتنا لاثنين ممن يتعاطون المخدرات!!

دخلا وساعدا أخي وأنقذانا والنيران تلتهم كل شيء واختفيا ولم أرَ وجهيهما ولا نعرفهما!!

لو كان أحدهما التهمته النيران كان سيختلف الناس: أهو شهيد دخل لينقذ أناسًا لا يعرفهم وضحى بنفسه أم أنها من النهايات التي تدل على سوء الخاتمة والموت محترقًا ويبرر ذلك أنه كان مدمن مخدرات؟ أليس كذلك؟

من يومها وأنا أحاول ألا أصدر أحكامًا مطلقة قاطعة، ربما كان هذا المدمن الخاطئ من وجهة نظري أحسن مني عند الله ويموت هو شهيدًا وأتزحف أنا على الصراط!!

أمي دائما تقول لي: «لا تحكمي على أحد.. الله أعلم بظروف كل إنسان، لا أحد يحب أن يكون شريرًا ولا واحدة تحب أن تعمل راقصة، فلا تكوني جلادًا يجلد الناس، والخواتيم كلها لا يعلمها إلا الله وحين تخطئين اعترفي بخطئك فهذا أقصر الطرق».

وهذا بمناسبة نظريات التخوين الفجة والخوض في النوايا والذي منه.

استغفروا الله يغفر لكم!!

180

حكاية أمريكا

أما عن حريق بيتي في أمريكا، ببساطة ابنتي كانت لا تنام، بمعنى لا تنام بالمرة، فكنت أحيانا أسقط نائمة دون أن أدري من شدة الإعياء والحرمان من النوم لليالي طويلة متواصلة. فعلي ما يبدو أني في ذلك اليوم سقطت في تلك الإغفاءات اللاإرادية ولكن هذا كان بعدما وضعت بعض الرِّيَش المُتبَّلة على البوتاجاز لشيها، وأفقت من إغفاءتي على صوت جهاز الحريق يضرب بصوت عالٍ بالبيت!! هذا ليس مرعبًا بسبب طبيعة طبخنا التي ينتج عنها الكثير من الدخان فكثيرًا ما يضرب الجهاز. وكما العادة حملت ابنتي حتى لا تخاف من الصوت وتبكي بيد وباليد الأخرى حملت فوطة وظللت أبعد الدخان عن الجهاز الملتصق بالسقف ليسكت!!

المشكلة أنه كان لنا جار جديد ساعده زوجي بشيء ويعلم أن عندي ابنة ولسنا أمريكان فقرر المساعدة، خبط على الباب، اضطررت لأفتح، فسألني إن كان هناك مشكلة ويساعدني بها مثل حمل الابنة خارج البيت أو أي شيء. شكرته وذلك الحديث لم يأخذ ثواني، ولكن هذه الثواني كانت كافية لتسريب القليل جدًّا من الدخان خارج البيت للردهة.. وبما أن أجهزة الإنذار التي بالردهة حساسيتها أعلى كثيرًا مما بالبيت.. ضربت أجهزة إنذار الحريق بالبيت كله وبكل الشقق. قبل حتى أن أفكر فيما يجب أن أفعل، وجدت

سيارتي مطافئ و٣ سيارات شرطة أمام البيت في غمضة عين!! كل ذلك وليس هناك حريق أصلاً مجرد شوية دخان لا أكثر!!

وعاد زوجي من العمل... (سكتة طويلة مع عدم تنفس بالمرة).. ليجد كل هؤلاء ودخل رجال المطافئ، فقلت لهم إن ذلك من دهون الرِّيَش التي على البوتاجاز والتي نضجت لتوها، هي حتى لم تحترق!!

فدخل رجال المطافئ وزوجي المطبخ للتأكد من سلامة كل شيء، وأخذوني أنا وابنتي خارج البيت حتى لا تضر الأدخنة صدر ابنتي وظهرت فجأة أجهزة للتأكد من عدم وجود غازات سامة ناتجة عن الحريق للتأكد من أن البيت آمن للسكن ثم أحضروا شفاطًا عملاقًا ليشفط الأدخنة ودائمًا كان أحدهم بالقرب مني لتهدئتي وطمأنتي أن كل شيء سيكون على ما يرام.

المضحك بالأمر أن زوجي فوجئ بأحد رجال المطافئ يتسمر أمام الرِّيَش ويقول مستفهما «ياه، هذه فعلا شهية، من أين تشتريها؟ وما التوابل التي تستخدمها زوجتك؟ أنتم فعلاً، أكلكم طيب كثيرا».

وكاد زوجي ينفجر به قائلاً: «خذ الريش وارحل عنا بهذه الضوضاء، يقطع الريش على الأكل على التوابل على النوم على الخلفة على الجواز في وقت واحد!! ما الذي فعلته أنا؟!»، فيجد رجل المطافئ ما زال واقفًا أمامه مبتسمًا في انتظار الرد، فأجابه وهو ضاغط على ضروسه ويحاول الابتسام بمنتهى

الصعوبة!!

وبالفعل بعد وقت قصير الجميع رحل وكل شيء عاد كما كان.

الجدير بالذكر هو تصرف زوجي بعد كل ما حدث، أغلق الباب وجلس في هدوء دون أن ينطق كلمة وأكل وقال: «رجل المطافئ محق، فالريش أكثر مـن رائعة، تسلم إيدك!!».

وصراحةً لو كان طلقني وأرجعني مصر ما كنت لألومه أبدًا!!

وهذه من المصائب التي سببتها له دون أن أدري!!

وكانت آخر مرة أشوي بها ريش!!

وأدعكم الآن لتستعيدوا حكاية حريق مصر وتقارنوا بينهما!!

المودة والرحمة

لاستمرار الزواج، فتى الناس الذين كانوا حولي وأنا صغيرة كثيرًا..

الرومانسي قال: الحب هو الشرط.

المادي قال: المال هو الشرط.

المثقف قال: الاحترام هو الشرط.

النساء قلن: الإنجاب هو الشرط..

وغيره وغيره..

وظللت أنا أنظر لأحوال الناس مـن حـولي وأتعجب، فكلامهـم مـضاد لواقعهم:

– هذا لا يحب تلك ومع ذلك لم يتركها وعنـد مواجهتـه دافَع قـائلاً: العِشرة في كثير من الأحيان تصبح حبًا خفيًا!!

– المادي تزوج واحدة فقيرة؟! وعنـد مواجهتـه دافَع قـائلاً: جمالهـا أغناها في عيني.

فظلت رأسي تتحرك كالبندول أمام الإجابة وتميل لأقصى اليمين إلى أن تؤلمني رقبتي، فأحركها في الاتجاه العكسي، وأنا محدقة بعيني وبداخلي أقول مثل محمد صبحي: انت حمار يا حمار؟

184

كلاهما زائل، إذًا عن قريب سأبارك بالطلاق، مستحيل الاستمرار وعجبًا استمروا إلى يومنا هذا؟!

- المثقفون المحترمون، عند الغضب قل للأدب باي باي، إهانة وسباب وضرب ومع ذلك لم يتركوا بعضهم؟!

- الإنجاب يدفع لهجر البيت دون طلاق، يعني كالمعلقة لا متزوجة ولا حرة!! يا حسرتي!!

وكالعادة حين لم أفهم من البشر، ذهبت للقرآن.

كان يتوجب أن أبحث هناك من البداية ولا أضيع وقتي وعقلي في عدم منطقية البشر!!

سر الاستمرار من عدمه يكمن في: «المودة والرحمة».

إذًا مَن يريدوا أن يستقيم بيتهم عليهم بالمودة والرحمة فيما بينهم، وعلى الاثنين وإلا باظت المعادلة واطربق البيت على الأناني والضعيف..

«وَمِنْ آيَاتِهِ أَنْ خَلَقَ لَكُمْ مِنْ أَنْفُسِكُمْ أَزْوَاجًا لِتَسْكُنُوا إِلَيْهَا وَجَعَلَ بَيْنَكُمْ مَوَدَّةً وَرَحْمَةً إِنَّ فِي ذَلِكَ لَآيَاتٍ لِقَوْمٍ يَتَفَكَّرُونَ» (الروم: ٢١).

قرأت تفاسير كثيرة لهذه الآية تحديدًا لمعرفة ما المقصود بالمودة والرحمة.. أوضح تفسير وأكثرها تفصيلاً كان تفسير الشيخ الشعراوي - رحمة الله عليه - حيث قال إن المودة معناها تودد الزوج والزوجة لبعضهما البعض

وقت قوتهما وعزتهما، مثل: غناهما أو شبابهما، أو صحتهما... الخ.

أما عن الرحمة فهي رحمة كل منهما للآخر وقت ضعف أحدهما.

وتفصيلاً لأهمية الموضوع سأنقل لكم نصًا ما قاله الشيخ الشعراوي لتفسير هذه الآية:

وقوله تعالى: «لِتَسْكُنُوا إِلَيْهَا..» (الروم: 21)، هذه هي العلة الأصيلة في الزواج، أي: يسكن الزوجان أحدهما للآخر، والسكن لا يكون إلا عن حركة، كذلك فالرجل طوال يومه في حركة العمل والسعي على المعاش يكدح ويتعب، فيريد آخر النهار أن يسكن إلى مَنْ يريحه ويواسيه، فلا يجد غير زوجته عندها السّكَن والحنان والعطف والرقة، وفي هذا السكَن يرتاح ويستعيد نشاطه للعمل في الغد.

لكن تصور إنْ عاد الرجل مُتْعبًا فلم يجد هذا السكن، بل وجد زوجته ومحلّ سكنه وراحته تزيده تعبًا، وتكدِّر عليه صَفْوه. إذًا ينبغي للمرأة أنْ تعلم معنى السّكَن هنا، وأن تؤدي مهمتها لتستقيم أمور الحياة.

ثم إن الأمر لا يقتصر على السّكَن إنما «وَجَعَلَ بَيْنَكُمْ مَوَدَّةً وَرَحْمَةً..» (الروم: 21) المودة هي الحب المتبادل في «مشوار» الحياة وشراكتها، فهو يكدح ويُوفر لوازم العيش، وهي تكدح لتدبر أمور البيت وتربية الأولاد؛ لأن الله يقول «إِنَّ سَعْيَكُمْ لَشَتَّى» (الليل: 4) هذا في إطار من الحب والحنان المتبادل.

أما الرحمة فتأتي في مؤخرة هذه الصفات: سكن ومودة ورحمة، ذلك لأن البشر عامة أبناء أغيار، وكثيرًا ما تتغير أحوالهم، فالقوي قد يصير إلى الضعف، والغني قد يصير إلى فقر، والمرأة الجميلة تُغيّرها الأيام أو يهدّها المرض.. إلخ.

لذلك يلفت القرآن أنظارنا إلى أن هذه المرحلة التي ربما فقدتم فيها السكن، وفقدتُم المودة، فإن الرحمة تسعكما، فليرحم الزوج زوجته إنْ قَصُرت إمكاناتها للقيام بواجبها، ولترحم الزوجة زوجها إنْ أقعده المرض أو أصابه الفقر.. إلخ.

وكثير من كبار السن من الذين يتقون الله ويراعون هذه التعاليم يعيشون حياتهم الزوجية على هذا المبدأ (مبدأ الرحمة)، لذلك حينما يُلمِّحون للمرأة التي أقعد المرض زوجها تقول: «أنا آكله لحم وأرميه عظم؟»..

هذه هي المرأة ذات الدين التي تعيدنا إلى حديث رسول الله – صلى الله عليه وسلم – في اختيار الزوجة: «تُنكح المرأة لأربع: لمالها، ولحسبها، ولجمالها – وهذه كلها أغيار – ولدينها، فاظفر بذات الدين تربت يداك»، فأنت وهي أبناء أغيار، لا يثبت أحد منكما على حاله، فيجب أنْ تردا إلى شيء ثابت ومنهج محايد لا هوى له، يميل به إلى أحدكما، منهج أنتما فيه سواء، ولن تجدا ذلك إلا في دين الله.

لذلك يحذرنا النبي - صلى الله عليه وسلم -: «إذا جاءكم مَنْ ترضون دينه وخُلقه فزوّجوه، إلا تفعلوا تكُنْ فتنة في الأرض وفساد كبير».

وإياك حين تكبر زوجتك أن تقول إنها لم تعد تملأ نظري، أو كذا وكذا؛ لأن الزوجة ما جعلها الله إلا سكنًا لك وأنثى ووعاءً، فإذا هاجتْ غرائزك بطبيعتها تجد مصرفًا، كما قال النبي - صلى الله عليه وسلم -: «إذا رأى أحدكم امرأة فأعجبته - أي: تعجبه وتحرّك في نفسه نوازع - فليأْتِ أهله، فإن البضع واحد».

وكلما طبّق الزوجان المقاييس الدينية، وتحلّيا بآداب الدين؛ وجد كل منهما في الآخر ما يعجبه، فإن ذهب الجمال الظاهري مع الزمن فسيبقى جمال الروح ووقارها، سيبقى في المرأة جمال الطبع والسلوك، وكلما تذكرتَ إخلاصها لك وتفانيها في خدمتك وحِرْصها على معاشك ورعايتها لحرمة بيتك تمسكْتَ بها، وازددتَ حبا لها.

وكذلك الحال بالنسبة للزوجة، فلكل مرحلة من العمر جاذبيتها وجمالها الذي يُعوّضِنا ما فات.

ولما كان من طبيعة المرأة أنْ يظهر عليها علامات الكِبَر أكثر من الرجل؛ لذلك كان على الرجل أنْ يراعي هذه المسألة، فلما سأل أحدهم الحسن: لقد تقدم رجل يخطب ابنتي وصِفَته كيت وكيت، قال: لا تنكِحها إلا رجلاً مؤمنًا، إنْ

أحبها أكرمها، وإنْ كرهها لم يظلمها.

ثم يقول سبحانه: «إِنَّ فِي ذَلِكَ لآيَاتٍ لِّقَوْمٍ يَتَفَكَّرُونَ» (الروم: 21) يتفكرون في هذه المسائل وفي هذه المراحل التي تمرُّ بالحياة الزوجية، وكيف أن الله تعالى جعل لنا الأزواج من أنفسنا، وليستْ من جنس آخر، وكيف بنى هذه العلاقة على السَّكَن والحب والمودة، ثم في مرحلة الكِبَر على الرحمة التي يجب أنْ يتعايش بها الزوجان طيلة حياتهما معا.

المراجع:

http://www.altafsir.com/Tafasir.asp?tMadhNo=0&tTafsirNo=76&tSoraNo=30&tAyahNo=21&tDisplay=yes&Page=3&Size=1&LanguageId

http://www.altafsir.com/Tafasir.asp?tMadhNo=0&tTafsirNo=76&tSoraNo=30&tAyahNo=21&tDisplay=yes&Page=3&Size=1&LanguageId=1

أهرب

أهرب من كتبي إلى قصصها..

أهرب من واقعي إلى خيالها..

أهرب من وحدتي إلى مجالستها..

أهرب من حزني إلى ضحكاتها..

أهرب من خوفي إلى احتضانها..

أهرب من أفكاري إلى لعبها..

أهرب من كرهي لذاتي إلى حبها..

أهرب من عجزي إلى الأمل فيها..

أهرب من موتي إلى حياتها...

هل حقاً هي من تحتاجني؟

التيه

هذه اللحظات التي تفقد فيها السيطرة تمامًا.. كلاعب سيرك محترف تضل قدمه خطوته فيهوي من على الحبل إلى اللاشيء، فمن احترافه لا يضع شبكة تحته وعلى الرغم من سماعه آهات الجماهير ويرى ظل قلقهم، يبتسم ويغمض عينيه ويستمتع جدًّا بلحظات الهبوط ويشتاق للحظة ارتطامه بالأرض صريعًا وتنتهي الأسطورة!!

كل شيء يفقد معناه، ما الحب؟ ما الوطن؟ ما العمر؟ ما الأيام؟ من الحبيب؟ من العدو؟ ما الحياة؟ ما الموت؟ يختلط الواقع بالخيال والماضي بالأحلام.

تتداخل الألوان فلا تميز لونًا عن آخر، كلوحة سريالية تعكس نفس كل شخص على حدة ولا يفهمها أحد ولا حتى راسمها.. حالة غضب ممزوجة بالمتعة.

كسائق فقد عجلة القيادة ولا يملك سوى أن يصرخ بالناس: ابتعدوا عني، أنا خطر، قد أدمركم، قد أقتلكم، لا أريد من أحد أن يساعدني، اهربوووواااا...

أو يصبح مثل رجل «أين أشيائي»: (يلاحق كل من يعرف ومن لا

يعرف ويسأل «أين حلمي؟» وكل من لا يجيب يقتله!!

كلما ابتعد عن سطح البحر وهو يغرق يبتسم ويقول هـا هـل سـتكون الراحة هذه المرة؟ لقد جربت كل شيء إلى منتهـاه وبمنتهـى الجنـون، مـا عـدا هذه، هل هذه ستكون الراحة؟ لنجرب، فيغمض عينيه ويكتم أنفاسه ويتخيـل آخر فقاعة هواء تتركه وتهرب فيبتسم أكثر ويغرق أكثر).

ما عنوان كتاب حياتك؟

بالنسبة لي أكثر الأسئلة صعوبة في امتحان اللغة العربية كان: اقرأ الفقرة التالية وضع لها عنوانًا.

أشعر أن كل إنسان ما هو إلا كتاب، كتاب به ظروف الإنسان التي قدرها القدر وأحلامه وأفعاله.

لكل كتاب عنوان.. عنوان يعبر عما يحويه الكتاب.. العنوان عن أكثر شيء ستجده في الكتاب، عن مغزى الكتاب وهدفه.

فما عنوان كتابك؟

هل يستحق عناء البحث عنه وقراءته؟ هل به أي جديد؟ هل به أي مفيد؟ ما فصول حياتك وأبوابها؟

حاولت الترويح عن نفسي باللعب بهذه اللعبة ووضع عناوين لمن أعرفهم مليًا.

ولكن صدمتني إجابتي عن نفسي وكتابي!!

ففكر كثيرًا بحالك وانظر ما قدمت لنفسك.. في هذه اللحظات فقط أنصحك بالأنانية، فكر بنفسك فقط وانفض الناس من رأسك، وأنزل حتى أهلك (أخيك وأمك وأبيك وصاحبتك وبنيك) من على أذنيك وفكر..

«وَكُلَّ إِنْسَانٍ أَلْزَمْنَاهُ طَائِرَهُ فِي عُنُقِهِ وَنُخْرِجُ لَهُ يَوْمَ الْقِيَامَةِ كِتَابًا يَلْقَاهُ مَنْشُورًا * اقْرَأْ كِتَابَكَ كَفَى بِنَفْسِكَ الْيَوْمَ عَلَيْكَ حَسِيبًا» (الإسراء: 13 – 14).

«وَوُضِعَ الْكِتَابُ فَتَرَى الْمُجْرِمِينَ مُشْفِقِينَ مِمَّا فِيهِ وَيَقُولُونَ يَا وَيْلَتَنَا مَالِ هَذَا الْكِتَابِ لا يُغَادِرُ صَغِيرَةً وَلا كَبِيرَةً إِلا أَحْصَاهَا وَوَجَدُوا مَا عَمِلُوا حَاضِرًا وَلا يَظْلِمُ رَبُّكَ أَحَدًا» (الكهف: 49).

«فَأَمَّا مَنْ أُوتِيَ كِتَابَهُ بِيَمِينِهِ * فَسَوْفَ يُحَاسَبُ حِسَابًا يَسِيرًا * وَيَنْقَلِبُ إِلَى أَهْلِهِ مَسْرُورًا * وَأَمَّا مَنْ أُوتِيَ كِتَابَهُ وَرَاءَ ظَهْرِهِ * فَسَوْفَ يَدْعُو ثُبُورًا * وَيَصْلَى سَعِيرًا * إِنَّهُ كَانَ فِي أَهْلِهِ مَسْرُورًا» (الانشقاق: 7 – 13).

تذكر أنه لا طاعة لمخلوق في معصية الخالق وقال رسـول الله – صلى الله عليه وآله وسلم – : «كل ابن آدم خطاء وخير الخطائين التوابون».

اللهم تب علينا واغفر لنا ويسر حسابنا وأحسن خاتمتنا واغفر لحينـا وميتنا واغفر لوالديّ وارحمهما واغفر لنا وارحمنا، اللهم إني أسـألك الـشهادة فلا أرهق أحدًا حتى بغسلي وكفني، سـامحيني يـا أمـي أنـي لم أغـسلك بيـدي مثلما أردت، الأمر لم يكن بيدي.. آمين.

الحب الروحاني

هي في بيتها في الجيزة، وهو في جنوب ليبيا في بلدة صحراوية قاحلة تسمى: سبها، الحصار شديد والاتصالات مقطوعة ولا وسيلة ليتواصلا.

بكت بحرقة ونادته: «انت فين يا سمير؟».

سمعها، لم يفكر أو يتردد للحظة بل لملم الضروري وجرى مهرولاً يبحث عن أي وسيلة تنقله «لتوأم روحه» مهما كلفه وأرهقه الأمر.. سافر بريًا آلاف الكيلومترات، وفجأة وجدته أمامها يحتضنها وبكيا معًا.

قالت له: «أحتاجك جدًا.. لقد ناديتك».

قال: «سمعتك ورأيتك وأنت واقفة بالمطبخ تبكين، لقد حرقتني دموعك، لهذا أتيت مهرولاً، لا مكان ولا زمان يمنعني الإحساس بك، ولا حصار يمنعني تلبية ندائك حين تناديني!».

هذه هي أمي وهذا هو أبي - رحمهما الله وغفر لهما.

كان رحمه الله يلقبها بألقاب كثيرة مثل: نور العين ومهجة القلب، ولكن دائمًا كانت تستوقفني: «توأم الروح».

كنت صغيرة حينها ولم أفهم مغزى هذه المناجاة.

ولكني «تعلمت» حينها أن الأرواح لها أبعاد وقوانين أخرى غير التي نعرفها

الـروح حـرة مطلقـة لا يحـدها زمـان ولا مكـان، تتخطـى مـا نعرفـه بالمستحيل.

وحين تتلاقى الأرواح في أبعادهـا الخاصـة تـستطيع رؤيـة مـا لا تـراه العـين، لـو روحـك أحبـت فعـلاً روحًـا أخـرى سـتستطيع رؤيتـه وسماعـه و«الإحساس» به والتواصل معه دون كلام، ومهما كانت المسافات بينكما..

لا تفرح بذلك وتظن أنك غير البشر، فربما كان ذلك هو الجحيم ذاته، ربما لن تحبك الروح الأخرى، ولن تشعر بك ولن تراك، فتتعذب وحدك عذابك وعذاباته دون أن يشعر بـك أحـد وكيـف تحكـي للبـشر عـن مثـل هذا الحـب الروحاني؟!

أنظر حولي وأرثى لحالنا: «كم نحن بؤسـاء؟! لم أعـد أرى حبًـا، أرى عبوديةً واستعبادًا واستغلالاً ومصلحةً فقط!! لقد ضاق الحب مـن البـشر فتـرك قلوبهم ورحل!!».

كم هو مؤلم شعور الوحدة وسط الزحام!!

هل وجدت توأم روحك؟

لو أنك مخاطر مجنون، لبحثت عن توأم روحك.

فلربما آنست وحشتك وسط الزحام ولربما تعـذبت وحـدك عـذابًا فـوق عذابك.. هل أنت مستعد للمخاطرة بكل شيء من أجل تـوأم الـروح الـذي ربمـا يتركك وحدك هو الآخر ويفضل الزحام عليك؟

لقد علمت لماذا يعود المغترب عند وفاة عزيز

يعود ليس فقط للمتوفى ولكن لنفسه وللأحياء.

يعود يتلمس تجعيدات وجه من ما زال حيًا وبه رائحة العزيز الذي رحل.

يعود ليأخذ العزاء، ليظل الناس يرددون على أذنيه «لقد مات، لقد مات»، فيدرك عقله الباطن حقيقة أنه لن يراه ثانية ويندم على الوقت الذي قضاه في العراك معه.

يعود ليرى: هل سيرونني ثانيةً؟ هل سيذكرونني؟ هل سيبكونني لو أنا مكان العزيز الذي رحل؟

يعود ليكون بجانب الأحياء في هذه الفجيعة فكيف يتخلى عن أقرب الناس له وهم بهذه المحنة؟

يعود لأن عليه دورًا يجب القيام به.

يعود لأن عليه واجبًا لا يجوز أن يهرب منه مهما حصل.

يعود ليتشبث بالذكريات التي تحوي مَن تبقي من الأحياء مع هذا العزيز الذي رحل.

يعود ليبحث عما ضاع منه.. حقًا، السنون مؤلمة حين تحصيها.

يعود ليبحث عن وجوه اشتاق لها وليس بيده أن يلمسها ولا يتركها.

يعود ليزور الذين توفوا ويبكيهم ويدعو باللحاق بهم عما قريب ويجتمعوا في مكان أفضل لا مرض ولا حزن ولا موت ولا عراك فيه.

يعود ليتذكر حقيقة الحياة وكيفية دورانها حول الموت تماما مثل دوران الكواكب حول الشمس.

يعود.. يعود لروحه التي لا تموت وليتذكر أن الموت يقتل الجسد فقط ولكن الروح تتحرر.

يعود ليبحث عن أمل وأحلام ضاعت منه، العجيب أنه يجد أحلامه المنسية وسط القبور!!

أرجوكم عودوا لمن تحبون وقتما يحتاجونكم.. لا تتخلوا عن ذويكم ولا تدعوا التملك والمتلكات تأخذكم.. والله لا تساوي جناح بعوضة.. القلوب هي الثروة الحقيقية.

فحاولوا غزو القلوب واسكنوها فهي التي ستذكرهم بك سواء كنت مسافرًا أو ميتًا.

قربوا أكبر عدد من القلوب.. أحبوهم واجعلوهم يحبونكم حتى تجدوا من يبكيكم ويدعو لكم.

كم أصبحت أكره الغربة داخل وخارج الوطن!!

كم أصبحت أكره الغربة داخل وخارج النفس!!

رحمك الله يا والدي.. حذرتني كثيرًا من شعور الغربة وقلقك دائمًا كان عليّ مني. وليس من الناس.. لم أفهم قط سوى الآن.. فسامحني؛ الأمـر لم يعـد بيدي.. إنه القدر.

رحمكما الله دادي ومامي وغفر لكمـا ولكـل الـذين أحببـتهم ورحلـوا.. أدعو الله أن يجمعنا جميعًا في روضة مـن ريـاض الجنـة مـع مـن كنـتم تحبـون وتشتاقون، رحمة الله على كل من أحـب حيًـا وميتًـا اللـهم اغفر وارحـم حينـا وميتنا.. آمين.

مصاص دماء القلوب

يقول إنه يحبها..

يظل وراءها أيامًا وليالي..

تظن أنه الشوق والحب..

يجعلها تجن لو ابتعدت وتجن لو اقتربت..

يحيك خيوط حبه حول قلبها بمهارة وسرعة ودقة عنكبوت محترف جائع حول فريسته..

في لحظة يخطف قلبها منها..

في لحظة يقترب منها بعنف..

في لحظة يقرر شم أنفاسها..

في لحظة يأخذ الهواء المحيط بها كله في صدره..

يقترب ويقترب لحظة تلو لحظة..

في لحظة تحرق أنفاسه رقبتها..

في لحظة تستسلم..

في لحظة تظن أنه سيقبل رقبتها..

200

في لحظة يغرز أسنانه برقبتها..

تفقد الوعي...

تبدأ دورة الموت.

في لحظة يشق صدرها ويخلع قلبها..

يترك بقية الجسد يموت.. لا يعبأ بزفراته.. لا يعبأ بدفنه.

كيف لم ترَ كل تلك الجثث المشقوقة صدورهن المتناثرة حوله؟!

صدق من قال «إن الحب أعمى»..

يأخذ القلب حيًا نابضًا مليئًا بالحب والحياة.

يغرز أسنانه في قلبها..

يتمتع بكل قطرة دماء تسري من قلبها إلى قلبه.

وبعد أن تنتهي كل الدماء الحية الغضة النابضة في قلبها..

يضعه على الشعلة الزرقاء.

يظل يقلبه ببطء..

تارة يزيد الشعلة وتارة يهدئها..

يشوي بقية قلبها على نار هادئة..

إنه يعيش في عالم آخر.

201

يبتسم وهو ينظر للقلب مشتعلاً في نيرانه..

ابتسامته كسكين بنصل حاد لا يرحم..

بعد النهاية..

يتمتع بالتهام القلب..

وقبل أن يفرغ من أكله..

وما زال هناك آخر لقيمات من قلبها بين يديه وأسنانه.

تلمع عيناه برؤية فريسة جديدة.

وقبل أن يشبع قلبه من دماء قلبها..

يكون اشتاق قلبه لدماء قلب جديد..

202

أحبته لدرجة أنها أحبت حبيبته!!

دائمًا كانت تسمع عن الحب الأول وأثره الـدائم في القلـب، يُكتَب ولا يُمحى أبدًا مهما طال الزمان وتغربوا بالمكان.

حتى لو كان هذا الحب حبًا من طرف واحد والطرف الثاني لم يعلم به من الأساس.

يظل ذلك الحنين لضوء الشمس على وجه الحبيبة الأولى وهو ينظر لها من زاوية بعيدة..

يراها كأنها حلم طيف غيمة في صباح صيف حار.

زاوية تسمح له أن يدقق بملامحها ويأخذ وقته تمامًا في حفـر بـسمتها وحركة رأسها ووقفتها وصوتها في قلبه.

كل ذلك دون أن تدري هي..

كانت تسمع وتقرأ عن كل ذلك ولكن ما صدقته يومًا!!

حتى فيلم عبد الحليم حـافظ «الحـب الأول» كانـت دائمًا تـسخر منـه وتقول يجب أن يكون اسمه الحب العبيط!!

كانت أمها تحذرها من ذلك قائلةً: لا تسخري من هذا الحب، إنه بلاء ولعنة يدمر صاحبه، لا تسخري من ذلك حتى لا يصيبك ما أصاب هؤلاء.

203

فكانت ترد وهي في غاية الضحك : تتحدثين عن الحب يا أمي كأنه جن يسكن الجسم ولا يخرج. بهذا النحو، من نعرف أنه عليه أعراض حب، يجب أن نحبسه ونعمل له زار لعل هذا الملعون الذي اسمه الحب يترك جسده ويرحل.

فترد أمها : أنت ساذجة (كانت تستشيط غضبًا من أمها حين تقول لها ذلك وتنهي أي حوار بمجرد قول هذه الكلمة).. الحب يسكن الروح والقلب، لا الجسد.. يا ساذجة.

وتظل أمها تتحدث بعدها وتحاول الشرح ولكنها تكون أنهت الحوار عقليًا ولم تعد تسمعها وتظل واقفة بالجسد فقط لحين أن تنهي حديثها احترامًا لها وتستأذنها وترحل.

حتى ذلك اليوم..

آه من ذلك اليوم..

كتبت :

«كان هو حبي الأول وأنا حبه رقم... (لا تدري العدد)..

حاول استبدال حبه الأول بالكثير من القصص الأخرى ولم يفلح.

أنا الوحيدة التي استطاعت أن تجعله سعيدًا فظن أنه يحبني.

وأنا أيضًا ظننت أنه يحبني.

204

ولكن بعد مرور عدة أيام بدأ يتحدث عني.. لا عنها.. لا عني.. بل عنا.. لا أدري..

ولا هو يدري.

ولا هي تدري.

أشبهها لدرجة كبيرة في الشكل والصفات ولكن بالتأكيد هناك فروق.

مع كثرة الأيام كثرت الفروق وزاد الشوق لها.

من حبي له تقبّلت الأمر وأذعنت.

كنت أحيانا أسأل عنها لأجله.

كي أراه سعيدًا هانئ البال.

أحببتها لحبه لها.

كنت أستيقظ ليلاً أنظر إليه وأتأمل ملامحه.

فأجده يبتسم فأبتسم.

ثم أُصعق: إنه يحلم بها الآن!!

لا تسأل كيف علمت، لقد علمت وكفى.

ثم يبتسم فأبتسم وأقول: ليكن، أنا من يرى الابتسامة وتتمتع عيناه برؤية هذا الثغر وتلك الأسنان وعلامة الحسن في ذقنه وكيف يتغير شكلها مع

205

الابتسام، أنا من تشرق بسمته في أيامي وليس هي.

وأبعد عن خاطري أنها هي سبب الابتسامة وليس أنا.

وأبعد عن خاطري أنها الغائب الحاضر وأني الحاضر الغائب.

أؤكد لنفسي: أنا من أعيش السعادة ولو تمثيلاً وليس هي.

كنت أؤمن بمقولة: مثّلها حتى تصبح حقيقة.

نعم، من كثرة التمثيل ستترسخ في العقل الباطن وتصبح حقيقة يومًا.

أؤكد لنفسي أنه يحبني أنا وهي أصبحت مجـرد ذكـرى، مجـرد قصة
عبرت في زمن غابر ورحلت.

ولكن أبدًا..

القصة لم تنته أبدًا.

يقولون شاهِد الإنسان وهو غاضب لتعرفه على حقيقته.

غضبت يومًا بعد مرور آلاف الأيام لمشكلة ما..

فقال: هي عندها حل لمشكلتك، فقط لو كنت أزال أكلمها أو على اتصال
بها لكانت حلت لك مشكلتك الآن!!

وتنهد تنهيدة قوية.. زفرت معها آخر أنفاس حبه في قلبي.

هنا توقف قلبي عن النبض وتوقف الزمن لزمن.

لقد ضرب حبه بداخلي برصاصة وكفّنه ودفنه ولم يكلف نفسه عنـاء قراءة الفاتحة عليه.

انتهى كل شيء إلى لا رجعة.

حتى التمثيل لم يعد يجدي.

تمثيل اليوم اليومي من أكل وشرب ونوم وعمل وغيره.

لم أعد أستطيع التمثيل! !

فقدت هذه القدرة التي أحيتني بقوتها آلاف الأيام.

فجأة أفاق وأدرك فظاعة ما قال.

فجأة رآني ولم يعد يراها.

ولكن متى؟!

بعد أن شفيت

لقد رحل حبه المريض الناقص العليل من قلبي إلى الأبد.

فجأة أدرك أنني أستحق الحياة.

ولكن هل يُجدِ ذلك مع من مات؟

حبه انتهى ومات.

قصتها انتهت لديه يومها.

207

ولكن عجبًا انتهت قصته لديّ هو الآخر».

وأرسلت تسألني عن حل لها.

فقلت: «الصلاة والدعاء ليقضى الله أمرًا كان مفعولاً!!

فالله مقلب القلوب ولا تدري ما يحدث غدًا..

أعطه فرصة..

لعل الله يحدث بعد ذلك أمرًا..

سلمي أمرك لله وارضي بقدره أيما يكون، بالتأكيد هو الخير لك».

ادعوا لها.

الزوج والخاتم

اشترى لها خاتم ألماظ..

أرأيتِ الخاتم؟

أبهرك بريقه؟

كم هي محظوظة؟

إنه زوج رائع !

كنت أتمنى أن أكون زوجته !

هل هناك من لم يزَل يهادي زوجته بخاتم ألماظ!

لم يظهر للناس سوى بريق الخاتم.

لم يرَ أحد قطرات الدم التي تتساقط من على فصه.

إنها قطرات قلبها.

لم يستطع أحدهم رؤية قلبها المخترق وتجويف الخاتم به.

تقف صامدة باردة مبتسمة هادئة.

لا أحد يشعر بها تنزف.

لا أحد يراها تموت.

كيف يرونها وبريق الخاتم يزيغ عيونهم ويسحر بصيرتهم.

هل حقًا عندهم بصيرة؟!

يقف متباهيًا بنفسه بجانبها..

يعجب بصورته في عيون الناس..

يعرف أنه غرز الخاتم بقلبها..

ولكنه لا يعبأ..

فهو دائمًا يفعل ذلك..

وهي دائمًا تبدي له الأعذار..

لا يهمه ما تشعر به هي..

كل ما يهمه إعجاب الأخريات بالخاتم ومدحهم ذوقه ورقته وكرمه.

هو لم يشترِه ليفرحها.

لم يشترِه لأنه يبدو جميلاً بيدها.

لم يشترِه لأنه يحبها!!

هو اشتراه لأنه يحب نفسه ويعجب بذاته أكثر.

يا لسخف الصورة!!

هي تحتقر نفسها لأنها تلبس بيدها آلافًا..

من الممكن إطعام الآلاف بثمن هذا الخاتم السخيف.

تنظر له..

تنظر للخاتم..

تنظر لنفسها..

تحتقر ثلاثتهم!!

بعد طول تردد..

تخلعهما..

نعم..

الزوج والخاتم..

تعطيهما ظهرها وترحل..

علها تعود لاحترام ذاتها.

عش كأنك تموت غدًا

عش كأنك على حافة الموت؛ لأنك – ببساطة – هكذا فعلاً.

أنت دائما على حافة الموت.

ستموت بأي لحظة.

لو فكرت هكذا ستجد كل شيء يتبدل ويتغير من حولك في رأسك.

ربما تجد أن أكثر ما يشغل بالك الآن لن يشغله على الإطلاق

ستجد نفسك تقيس كل شيء وفقًا لأولوياتك الحقيقية الفعلية المخزنة في اللاوعي عندك عن الحياة.

مثلا لو أن هناك علاقة عاطفية تعصف بأيامك وفكرت أنك بعد لحظات ستموت، هل ستفكر في أن تكلم هذه الحبيبة المزعومة لتودعها وتقول لها إنك تحبها.. أم ستفكر في أن تستغل هذه اللحظات الأخيرة بالاتصال بزوجتك لتبلغها عن المال الذي كنت أخبأته سابقًا لتتزوج به عليها لتعلمها مكانه لتصرف منه أول أيام وفاتك؟!

أم ستفكر بالاتصال بأمك لتسمع صوتها للمرة الأخيرة.. أم ستتصل بابنتك تعتذر لها عن إهمالك لها ومعركتكما التي حدثت في الصباح وتوصيها أن تصبح فتاة صالحة وتدعو لك؟

(طبيعي لو أنها ليست فتاة صالحة لن تتذكرك أصلاً).

أم ستتصل بأخيك الذي قاطعته من زمن..

أم مديرك في العمل لتقول له عن كلمة السر ليستكمل عملك..

أم ستذهب لتمتع نفسك بأي شيء تحبه..

أم ماذا؟

جاوب بصراحة وستعرف أولوياتك الحقيقية في الحياة.

اسمها «أريج الجنة» ولكل من اسمه نصيب

حقا هي جنتي في الأرض وجنة لكل من يراها.

عندما رحلت أمي – رحمها الله – لم أقل لها رأفة بحالها، وجـدتني باكية حزينة وكلما سألت وجدت الدموع تلمع بعيني كإجابة.

كانت تأخذ بيدي وترفض أن أظل وحـدي مـن دونهـا حتـى لا أبكـي، وتجلسني بجانبها لنشاهد التليفزيون وتأخذني في حضنها وتربت على شعري وتضع يدها حول رقبتي وخدها على خدي.

كانت تطعمني بيدها لأني كنت رافضة للأكـل، وتمـسك بيـدي وهـي نائمة بجانبي وتقول لي: لا تخافي يا مـامي أنـا بجانبـك وسأمنع الـشيطان أن يزعجك، نامي وتظل مستيقظة معي حتى يغلبها النوم وأنا أظل علـى حـالي لا أنام ولكن أكتفي بتأملها وشعور سخونة يـدها الـصغيرة في راحـة يـدي لأشعر فعلا بالأمان. والقوة مستمدة منها.. أمان أن لي أي قيمة على هذه الأرض.

تغازلني أحيانًا حين تشعر أني مكتئبة قائلة: شعرك طويل كالـشلال، أريد شعري طويلاً مثله.

تفرحني حين تقول: أريد أن أصبح مثلك يا مامي، فأنا أحبك جدًّا.

أصبحت تستيقظ مبكرًا قبل مدرستها لتحكي لي قصصًا لتخفف عـني

وتضحكني.

خلال أربعة أيام لم أنم بسبب تعبها طوال الليل، كنت أظن أنه من فرط أكل الشيكولاتة ولكنها في الصباح ونحن نلعب الليجو اعترفت لي أن سبب تعبها هو افتقادها لماصو (هكذا كانت تنادي مامي)، سألتها هل حلمتِ بها، قالت نعم، لم يكن شكلها مختلفا في الجنة (قلت لها إن الناس يصبحون شباباً في الجنة حين قالت إن مامي لم تأخذ عصاها معها لتتكئ عليها في الموت)، قالت: لعبت معي بس بس وياكي وقالت لي ازابونز قبل النوم (كلمات اخترعتها مامي وريجو ولا نعرف معناها)..

ينتقد الجميع تعلقها بي وتعلقي بها، ولكن ألا تستحق هذه الزعبلة الصغيرة التضحية بأحلامي ومستقبلي وحياتي وقلبي لأجلها؟ بلى، بل تستحق أكثر.

مثلما كتبت لها: نصائح أم مودرن لابنتها، يبدو أن عليّ أن أكتب نصائح حماة لزوج ابنتها.

أدعو الله ألا يُجرَح قلبها يومًا وتظل فرحة سعيدة دنيا وآخرة وتظل «أريج الجنة» لكل من يقابلها ويحبب فيها خلقه ويبارك فيها ويحفظها وتظل تدعو لنا جميعا: «يا رب كلنا نخش الجنة».. اللهم آمين، ونحمد الله على نعمه ويديمها علينا و«كل شيء بأمر الله».

الفرس والشلال

فرس بري.. قوي وجميل ولكنه بري ومجنون والقرب منه خطر، فلو أحس بالخطر هاج وماج ورفس من حوله بمنتهى العنف والقسوة، حتى لو رثى لحالهم لاحقاً، لم يقصد أذية أحد إلا أنه رغمًا عنه يفعل ذلك، فالطبيعة خطر كبير وقد أوذي كثير منها.

لا يكترث كثيرًا بأي شيء، فقط يلعب مع الفراشات ويجري خلفها ويحاول الإمساك بها طوال اليوم حتى يتعب فيراقب الطيور والعصافير حتى يقبله النوم فينام في البرية.

يشعر بالبرد والوحدة والوحشة لأنه ليس له قطيع يعيش معه، فهو غير داجن وغير قابل للترويض ولكنه في كثير من الأحيان يستمتع بذلك.

يبتعد عنه أصحاب الخيول لما عانوه من مشقة ترويضه حتى فقدوا الأمل فأصبحوا يبتعدون عنه.

أحيانًا في ظلام الشتاء القارس يقترب من الإسطبلات ويغبط هذا القرب وهذا الدفء من الخيل ببعضها بعضًا وأحيانًا يغبط هذه الدفايات والملابس التي تلبسها الخيول الأخرى ولكنه لا يستطيع الحياة من دون حرية وبرية.

كان حين يجري في الغابة يتدرب على حركات أو قفزات جديدة، تقف

كل الحيوانات مشدوهة لجماله ومرونته وقوته، كأنه أمير يقف الجميع إجلالاً له.

ملّ الحياة.. لعب مع كل الفراشات، تدرب على كل الحركات، ضرب كل المدربين، استمع لكل أنغام العصافير حتى حفظها في قلبه وأصبح يترنم بها حين تنام العصافير.

يومًا سمع صوتًا غريبًا.. جرى نحو الصوت.. صوت مياه جارفة.

فإذ به يجد شلالاً جارفًا وفوقه ألوان قوس قزح تتلألأ.

فجرى إليه واقترب وبدأ يتفقده ويستكشف مياهه.

المياه لونها بيضاء وليست زرقاء مثلما تعود.

فيقترب أكثر.

فإذا بالمياه مليئة بالفقاقيع التي بدورها مليئة بألوان قوس قزح.

بهرته أكثر فاقترب أكثر.

ويومًا بعد يوم أصبح الفرس ينتظر الصباح ليأتي للشلال.

تارةً يلعب في جدول المياه وتارةً يقفز في المياه فتنزل قطرات المـاء علـى رأسه وشعره الأسود الطويل لتنعشه.

ظن الفـرس أن الـشلال يفعـل ذلـك خصيـصًا لأجلـه هـو فقـط، فيـزداد

انبهاره بالشلال، حتى صار ملازمًا له.

يأتيه كل يوم فتلازم اسماهما وأسماه الناس «فرس الشلال» وأصبح الشلال اسمه «شلال الفرس».

لكن الشلال خطر والاقتراب الشديد منه موت محقق.

هذا ما تعرفه الخيول المروَّضة وتسمعه من كلام المروضين.

ولكن كيف لهذا الفرس الذي يتحدث لغة البرية وليس لغة الناس أن يفهم ما يقولونه.

يومًا صعد فوق الشلال فجعله الشلال يشعر أنه سيد الخلائق.

وكثيرًا ما انتعش الفرس بالماء المنهمر بالقرب من المصب.

يومًا وجد مدربًا يحاول اصطياده وترويضه..

وبدلاً من ضربه أو رفسه مثلما اعتاد الفرس أن يفعل، قرر الجري إلى الشلال.

من جنون الفرس وعشقه الأهوج للشلال ظن أن عنده الأمان.

جرى إليه طالبًا الأمان.

فما كان من الشلال إلى أن أدخله في دوامات هائلة، لم تجعل الفرس يعلم إذا كانت الدنيا ليلاً أو نهارًا ولا يعلم إن كان رأسه لأعلى أم لأسفل،

وابتلع كميات هائلة من المياه دخلت رئتيه حتى خارت قواه وفقد السيطرة على ذاته واستسلم للموت المحقق والغرق على يد الشلال.

فظل على حالـه إلى أن جرفتـه ميـاه الـشلال للجـدول الهـادئ وحملـه الناس من الماء وتركوه بالقرب من الشلال وحده دون أن يـسعفوه، خوفًـا مـن أن يرفسهم ثانية.

وظل الفرس على هذه الحال، يسعل بعض الماء من رئتيه وينظر للشلال ويحاول أن يفهم لماذا فعل الشلال به ذلك؟! ويتعجب كيف يفعل ذلك والشلال وهو الشيء الوحيد الذي أمن له.

ينتظر أن يتغير الشلال ويفعل أي شيء ليدل على أساه بما فعله للفرس أو ينتظر الموت بديلاً عن ذلك.

لم يعد يقوى الفـرس علـى الحركـة فظـل قابعًـا في محلـه بـالقرب مـن الشلال، ينتظر إجابة هذا السؤال يوميًا ولكن الشلال أبدًا مـا رأف يومًـا لحـال الفرس بل ظل على حاله جارفًا، فوقه ألوان قـوس قـزح تـتلألأ، صـوته قـوي، ومياهه منعشة بيضاء بها فقاقيع بدورها تتلألأ بألوان قوس قزح.

ظل الفرس علـى حالـه لم يمـت ولكـن ظـل ينتظـر وينتظـر حتـى مـلّ الانتظار فلم يجد سوى الخرس.

فأول ما استطاع الفرس الوقوف، وقف ولكنه لم يعد هو، أصبح عجـوزَ

الروح مسكينًا هزيلَ الجسد.

وأول ما قوي قليلاً قرر الرحيل.. رحل «بعيدًا قريبًا» عن الشلال.

بعيدًا: حيث لا يراه الشلال، قريبًا: حيث يرى هو الشلال.

حتى وجد يومًا فرسًا بريًا جديدًا يبدأ نفس القصة مع الشلال.

فرحل بعيدًا ولم يعد أحد يراه أو يشاهد مرونته وقوته أو يلحظ جماله أو يقف هيبة له.

بل قرر الانضمام لقطيع من القطعان، يجر عربة في استسلام ورتابة مقيتين.

فما الفرق فهو ما عاد يعبأ بأي شيء فهو ميت حي.

وما إن يختلي بنفسه بعيدًا عن الطرق وجر العربة حتى يتذكر الشلال ومياهه وألوانه وصوته وفقاقيعه فتبتهج روحه فيذكر نفسه بالدوامات والخرس فيهرب من حلم الشلال وينام».

ومرة سمع الناس يحذرون الفرس من الاقتراب من الشلال وأصبحوا يسمونه «الشلال قاتل الفرس».

القبر ينادي صاحبه

من الدروس المهمة التي تعلمتها من وفاة والدي أن القبر ينادي صاحبه.

فلا داعي أن أثقل على من سيعولون جيفتي بأكثر من غسلي وكفني.

ولكني لا أنكر أني أصبحت أخاف الموت في الغربة؛ حيث لـن يـصلي عليّ الكثير ولن يذكرني أحد بل ربما لن يعرفني أحد!!

أخاف أن يكون قبري بين الثلوج، قبر بلا شاهد.

نعم سأكون قد متّ ولن يفرق معي مكـان عظامي.. ولكني رغمًا عـني أفضل أن تكون عظامي في حضن عظام والـدتي ووالـدي، في دفئهمـا، وأن يكون بقبر معروف مَن يحويه.

ظللت طوال حياتي أقاوم أسرتي وأتمـرد عليـهم، أحـاول إثبـات أنـي بالقوة التي تجعلني أستطيع الحيـاة وحـدي دونهـم، لكـني أعـترف أنـي مـن الضعف الذي يجعلني لا أستطيع الموت من دون أن أكون بجوارهم!!

كم عجيب هذا الإنسان!!

نظرت لنفسها في المرآة.. فبكت

قالت لها صورتها المعكوسة في المرآة: «لا تبكي فلا أحد يعبـأ بـدموعكِ

221

على هذه الكرة الأرضية ولا حتى أنا.. نفسك.. لا أحد يهتم إن كنتِ تتألمين أو سعيدة، لا أحد يعبأ بما تكونين أو تفعلين أو تشعرين!!».

«لم يعد عندك ما تعطينه.. لم يعد عندك القدرة على إضحاك الناس أيتها المهرجة.. أنتِ غير مفهومة.. لا أحد يستطيع أن يرى كل تلك الدموع وهذا القلب المعصور خلف هذا القناع المبهر الساحر.. لا تتوقعي الكثير حتى لو خلعتِ القناع».

«أنتِ تعلمين أنك غير مرغوب في وجودِك منذ وُلدتِ، أمك نفسها لا تطيقك».

«ليس عليكِ سوى فعل أكثر شيء تكرهينه في الحياة.. الانتظار.. ليس عليكِ سوى الانتظار ومع نهاية الحياة ينتهي الانتظار».

«ربما ما بعد الحياة ليس أفضل حالاً ولكن دعي لنفسك الأمل فامتحاناتك ومحنك دائمًا كانت عصيبة وكنتِ تختارين ما يجب فعله حتى لو كان عكس ما تريدين، لا يصح إلا الصحيح فدعي الصحيح معك في القبر، أملي نفسك أن يكون هذا هو فعلا الصحيح، تذكري دائما أنك عشتِ وحيدة وستموتين وحيدة فليس أمامك حلم غيره.. الحلم بالموت.. هذا هو أقصى أمانيكِ في هذه الحياة».

وسكتت الصورة وصرخت النفس..

فعادت الصورة للكلام: «أتصرخين، فلتبكي ولتصرخي كيفما شئت فلا أحد يراكِ أو يسمعكِ أو يشعر بوجـودك، أنـتِ حبيـسة مجهولـة مثلـي تمامًـا فلتفرحي أنك أكثر حظا مني ولست حبيسة لوح زجاج وعنـدك بعـض الفـسحة للحركة وأني بحياتك أسمعك وأراكِ وإن كنت لا أعبأ بكِ كثيرا».

وفجأة سكتت الصورة ولم يسمع سوى صوت زجاج يتكسر مختلط بأنين دموع مخنوقة وصوت متحشرج يحاول الصدور ولا يفلح ويظل القلب يدمى مـن دون أي صوت.

223

رسالة عرفان لـ«رسالة»

في يوم كانت عندنا إحدى قريباتنا، وهي تصغر أمي بسنوات قليلة. وجدتني أقوم جريًا من على المذاكرة وألبس استعدادًا للخروج، فسألتني عن السبب، فأجبتها وأنا عيناي جمرتا نار من الاحمرار لعدم النوم وليس لقلته، وقلت: «هكذا سأتأخر عن رسالة».

لم تفهم؛ فـ«رسالة» حينها كانت فقط أسرة جديدة بالكلية.

فقالت: «انتي مش شايفة نفسك، انتي أَوْلى بصحتك ووقتك، تساعدي ناس مين؟ هو فيه ناس تستاهل؟ تلاقيهم ولا حتى بيقولولك شكرا؟!».

فصدمتني الكلمات!! كنت أرى أساطير لا تصدق من المتطوعين وحماسهم والآن ها أنا ذا تصفعني واحدة من أهلي برفضها الفكرة من أساسها!!

لم أدرِ حينها ما أقوله والوقت ليس في صالحي فقبلتها واحتضنتها وقلت: «لا أفعل ذلك من أجل الناس بل لله ولا أنتظر كلمة شكر، بل في الحقيقة أكره سماعها!! نعم هناك ناس لا تستاهل، ولكن ليس كل الناس كذلك. ربما كنا نحن من خُلق بتلك الظروف، ألم نكن لنتعجب أنه لا يوجد من يشعر بنا ويمد لنا يد المساعدة؟! لا أحد يشتري ظروفه، فلنزكِّ منها ليديمها الله علينا».

وقبلتها وذهبت وأنا أشعر أني بقمة فشلي، بالتأكيد هي لم تقتنع بكلامي ولن تقتنع مهما حدثتها عن العمل التطوعي ومع الأسف أنا شخصيًا السبب!! فعلى مستوى الأقارب يرونني البنت الهزيلة المريضة دائمًا بسبب ضعفها والتي بلاها الله بعقلها وعلمها، فكنت الاستثناء الذي يثبت القاعدة لديهم، والقاعدة بالطبع هي: «الجهل والكسل نعم من الله على البنات!!».

طبعًا شعرت بالفشل لأني لم أستطع إقناع أغلى الناس عندي بالعمل التطوعي وخدمة المجتمع على الرغم من أنها كانت الـpresentation التي تُطلب مني دائمًا تقديمها والتحدث عنها؟!

المهم الآن.. بعد مرور سنوات كثيرة على هذه الذكريات، أقيم ما فعلته، هل حقًا خدمت مجتمعي؟ هل حقًا قدمت شيئًا استفاد منه آخرون؟ هل حقًا كنت من ضحي بوقته ومجهوده من أجل الغير؟

ربما؟! هكذا كانوا يقولون؟! ولكن بعد مرور هذه السنوات يجب أن أقف وقفة صدق مع نفسي..

الصدق أنه أنا من استفاد في المقام الأول والأخير..

يجب أن أعترف بجميل «رسالة» عليّ؛ فلولاها ما كنت أي شيء أبدًا..

حين أنظر لحياتي أجدها تتلخص بكلمتين: التدريس والكتابة، فأجد رسالة تقف هنااااااك في البداية تتوارى في الظل لا تكاد تُرى على الرغم من

أنها المصدر.

أولاً: عملت بالتدريس بجامعات مختلفة.. في الحقيقة أول دورة قمت بتدريسها كانت مع «رسالة» وكنت مرعوبة، وأذكر كلمات دكتور شريف لي حين أعربت له عن قلقي من أنني ربما لن أكون على المستوى المطلوب، فأجابني بأنني إن كنت أعرف جملاً قليلة فمن هم بالداخل لا يدركون حروف الهجاء، فقولي ما تعرفين وبالتأكيد سيستفيدون ولو بحرف!!

وبالفعل دخلت وشرحت وفوجئت برد فعل إيجابي جدًّا وبعدها بدأ اسمي أنا وإخوتي يُعرَف في الكلية ونُطلَب للتدريس من المراكز الخاصة ثم التدريس بالجامعة بعد التخرج!!

ثانيًا: أعتبر أن من أكبر ما حققته بحياتي هو الكتابة، (ابتسامة)، أول مقالات كتبتها بصورة منتظمة كانت بجريدة الأسرة بالكلية، وحينها نصحني دكتور شريف بترك الهندسة واحتراف الصحافة، مما جعلني أشعر بفخر شديد جدًّا وفرحة عارمة بما قاله، لتكتمل بنزول مقالاتي كجزء من الصفحة الأولى بالجريدة لعدة أعداد متتالية.

كنت قبل جريدة «رسالة» نشرت مقالتين فقط في مجلة كانت تصدر باللغة الإنجليزية ولم أنتظم معهم.

وسبحان الله حتى عندما فقدت توازن حياتي ومررت بفترة كانت شدة

226

وضيقًا عظيمًا ألمّ بي وفقدت الثقة بنفسي وبكل من حولي، وجدت «رسالة» مرة أخرى هي من تعيد لي نفسي من خلال طلب من أحد متطوعي «رسالة» بمساعدته بالتطوع في برمجة مشروع لأحد أنشطة رسالة، ومن خلال هذا الشخص فُتح لي باب عمل كنت أظن أنه لن يُفتَح لي مرة ثانية أبدًا لانقطاعي عن البرمجة لعدة سنوات.. جزاه الله وجزى من عرّفني عليه عني كل الخير، حقًا لقد أنقذوني دون أن يدركوا ذلك من حالة اكتئاب وإحباط ونفسية متردية ليمدوني بالحياة. (هذه اعترافات في لحظة صدق مع النفس دون أي مبالغات)..

بعد كل ما حكيت، أحقًا كمتطوعة في «رسالة»، كنت من أُفيد أم من يستفيد؟

صراحة: لقد استفدت من العمل التطوعي: حياتي كلها.

حتى يا ربي قدرتي على الحكي لطفلتي، اكتشفتها أول مرة بـ«رسالة»، حين تُركت مرة عنوة بـ«رسالة» لأخذ بالي من بنات الدار، فجاءتني إحداهن تطلب مني أن أحكي لها قصة، لا أذكر أي حكاية حكيت لكني أذكر تجمعهن حولي واحدة تلو الأخرى، وتحديق عيونهن بعيوني وهدوئهن الشديد وتركيزهن فيما أقول حتى كدت أفقد أنا تركيزي!!

ووجدتني أقبلهن عرفانًا مني لهن على هذا الوقت الممتع معهن!! سبحان الله!!

مهما حكيت وكتبت لـن يكفي وصف جميل «رسالة» عليّ وعلى حياتي!!

أحمد الله على وجود «رسالة» وأحمد الله على حظي في العمل مع دكتور شريف عبد العظيم مباشرةً، ويعلم الله كم أتمنى أن أذهب لـ«رسالة» ثانيةً وكم أفتقد محاضرات واجتماعات دكتور شريف التي كان حديثه لنا حينها كالحلم!!

يا رب.. أكرم وارزق وأسعد، تقبل منا ومنه ومن كل من تطوع بها ولو لسويعات قليلة!!

قصة جمهورية تكساس

دخلنا متحف يسمي بول لوك bullock في مدينة أستن في تكساس.

وهذا هو رابط المتحف: www.thestoryoftexas.com

المتحف عبارة عن ثلاثة أدوار يجب أن تسير ضد عقارب الساعة في الدور الأول ثم تتبع عقارب الساعة في الدور الثاني والثالث ولو خالفت ذلك تكون تقرأ التاريخ بالعكس.

ممنوع التصوير داخل المتحف تمامًا.

بدأنا الدور الأول يحكي عن الهنود الحمر وكيف أبادهم الإسبان بكل وحشية ودون رحمة حتى بعد استسلام بعضهم، يذكر أنهم كانوا ٥ قبائل ولم يتبقّ سوى عدة أفراد قليلين من قبيلتين فقط، أما بقية القبائل الثلاث فقد فنوا تمامًا وقتلوا حتى الأطفال من تلك القبائل ثم حرقوا خيامهم!!

شاهدنا عدة أفلام تسجيلية قصيرة عن الهنود الحمر وكيف استطاع من ظل حيًا أن يظل، تحدثوا باستفاضة عن قبيلة كومانشي التي صوروا من تبقي منهم آنذاك وكانوا عدة نساء بأطفالهم وزعيم القبيلة ورجل عجوز.

ذكروا أن زعيم هذه القبيلة كان حكيمًا وعظيمًا ومدحوا كثيرًا في تفتّحه وقبوله للتغيير والتقدم والتحرر وترك العقائد البالية والعادات الساذجة

229

القديمة وحتى الطب البدائي، وكيف قبل لبس البنطلون والبدلة بدلاً من الريش والجلد، وكيف سمح للإسبان بأن يأخذوا بنات القرية ليعزلوهم في المدارس الخاصة بالإسبان ليتعلموا اللغة الإسبانية وكيف وافق وأجبر كل قبيلته على عدم التحدث باللغات البدائية الخاصة بالهنود الحمر!!

وظل ذلك الفيديو يمدح ويمدح وكل ما رأيته أنه بالتأكيد كان يُنظر له آنذاك على أنه خائن باع كل شيء من أجل بعض الملابس والنقود، ثم شعرت أنني ظلمته، فهو ربما بعدما علم بفناء القبائل الأخرى قرر أن ينقذ هؤلاء النساء الضعيفات وتلك الفتيات اللاتي لا حول لهن ولا قوة، وأنه كان يتعذب عذابًا لا يتحمله بشر، ولكن في النهاية المصير كان واحدًا الجميع فني؛ حيث إن هذه الأجيال تحمل فقط وجوه هنود حمر ولكنهم ليسوا بهنود حمر...

وقد أثار ذلك حفيظتي الشخصية ووجدتني أتأمل ابنتي بعمق وأحاول أن أشعر ما سيكون، وسألتها في سري، أستكونين مسخًا؟ أمريكية بملامح عربية فقط، أم ستكونين عربية بثقافة أمريكية، أم ستظلين ممزقة بين الاثنين لا تعلمين لك هويةً ولا مكانًا؟ غريبة تضيق عليكِ الأرض بما رحبت؟ فحزنت وأشفقت عليها وضممتها إلى صدري، فابتسمت وقالت: مامي زهقت، فضحكت واستعذت من الشيطان، وقلت لنفسي كيف أفكر بهذه الجاهلية والقبلية والغباء؟ يكفيني أن تكون مسلمة والحمد لله، تحفظ القرآن وتفهمه، وعليّ أن

أمدها بأسلحة اللغات، لا يهم بعد ذلك إن كانت تفضل قراءة التفسير بـالعربي أو الإنجليزي (أو حتى اللاوندي)..

وتحركنا لندخل على الدور الثاني الذي يتحدث عن أهـم حـدث وهـو: «الألومو والثورة وجمهورية تكساس»..

الجدير بالذكر أن مساحة تكساس تقريبًا تساوي مساحة مصر..

ذكروا أن تكساس مر ستة أعلام عليها..

العلم الرابع كان العلم المكسيكي حيث كانت تكساس تابعة لحكم دولة المكسيك الديمقراطي بعد أن استطاعت المكسيك التحرر من إسبانيا وإقامة دولـة قوية ديمقراطية؟! ولم تكن هناك أي مشكلة حتى وصل لحكـم المكسيك رجـل ديكتاتور يسمي سانتا أنا، ألغى المجالس التـشريعية والنيابيـة ومـا إلى ذلك ليمسك بمقاليد الحكم وحده، فقامت ثورة تكساس رافضين الخضوع للديكتاتور على الفور.

تجمعوا في حصن صغير يسمى «الألومو»، وهؤلاء المحاربون الـشجعان قرروا إما الحرية أو الموت، فأرسل إليهم سانتا أنا جيشًا على رأسه زوج أختـه، ولكن الجيش هزم وقتل زوج أخته، فاعتبر سـانتا أنـا ذلك وصـمة عـار علـى الأسرة وقاد بنفسه الجيش وحاصر تلك القلة المندسة الثائرة من أجل الحرية في الألومو، أرسل المحاربون رسائل استغاثة لكل منطقة ومنها واشنطن، ولكن لم

يستجب سوى محارب يدعى هيوستن وجمع المدد ولكنه وصل متأخرًا؛ حيث انتصر سانتا أنا على من كان بالألومو وقتلهم جميعًا ثم حـرق جثـثهم مـا عـدا واحدًا مكسيكيًا، أخو سانتا أنا رجاه أن يدفنه بدلاً من حرقه، ووافق سانتا أنـا على مضض، ومن هرب تركـه يهـرب لأن المكسيك حينهـا كانـت ضـد العبـيد والاستعباد، فلن يفعل شيئًا بمن يأسره.

وحين وجد هيوستن ومن معه من المتطوعين ذلك قرر خـوض الحـرب والقضاء على سانتا أنا، وليعادل فرق المعدات والأعداد (فوجئت حينها بهـذا التقدم الفظيع للمكسيكيين صراحة ولا أنكر إعجابي برفضهم اتخـاذ العبـيد، الكون ملئ بالمتناقضات العجيبة) قرر هيوستن المباغتة ليلاً فقضى على الجيش المكسيكي وأسر سانتا أنا شخصيًا.

وأعلنوا استقلال تكساس لتكون جمهوريـة تكـساس، وسـريعًا عيّنـوا حكومة انتقالية لعدة أشهر تـشرف علـى أول انتخابـات لـرئيس الجمهوريـة وأقـاموا الحكومـة الديمقراطيـة علـى ثلاثـة محـاور: التنفيـذي والتـشريعي والقضائي.

وتمت الانتخابـات وعُيّن هيوستن رئيسًا للجمهوريـة واتخـذ نائـب رئيس يسمي لامار، الذي أصبح الرئيس الثاني لجمهورية تكساس.

وكان لامار مسئولاً عن الخارجية والدبلوماسية وبفضل جهوده اعترفت

عدة دول بجمهورية تكساس منها واشنطن وفرنسا.

ولكن هيوستن ولامار كانا مختلفين في كل شيء وكانا يتعاركان على كل شيء، وأول مشكلة كانت من تبقي من قبائل الهنود الحمر، هيوستن عاش مع الهنود الحمر فترة من حياته وكان متزوجًا منهم، فعقد معهم الاتفاقات، ولكن لامار كان يريد تصفيتهم خوفاً من أن يتفقوا مع المكسيكيين، وبعد المشاحنات وصلوا لحل وسط وهو ترحيل الهنود الحمر من مدينتهم الأصلية تكساس إلى ولاية أوكلاهوما!!

واختلفوا أيضا على كيفية إدارة البلاد، هيوستن كان يرى أنه من الأفضل التنازل عن الجمهورية والانضمام لأمريكا الفيدرالية المتمثلة في واشنطن للتخلص من الديون المتراكمة وأيضًا للحماية من المكسيكيين الذين لن يكفوا عن محاولة استرجاع تكساس، وسيظلون في حروب دائمة معهم، ولامار كان مُصرًا على الحفاظ عليها كجمهورية مستقلة، وواجهتهم الديون من كل جهة، فقرر لامار بالبناء والتنمية على الفور، فبنى البيوت والمدارس والمستشفيات ورفع الضريبة على السفن التي تصل إلى مواني تكساس للراحة والمؤن، وبدأ حملة دعائية قوية يدعو فيها كل المهاجرين بالقدوم لتكساس والإقامة بها، وقد استجاب الكثير من المهاجرين لذلك خاصة الألمان.

وهنا وقع هيوستن ولامار في مشكلة جديدة وهي العبيد؟! وكانت هذه

233

هي النقطة الوحيدة التي اتفقا عليها!! وهي قبول مبدأ العبيد؟! ألم أقل لكم إن العالم مليء بالمتناقضات؟! عجبًا.. إنهما لم يتفقا قط سوى على هذه النقطة!!

حتى العاصمة، هيوستن كانت العاصمة في فترة رئاسته هي سان أنطونيو التي بها الألومو، ودارت فيها كل الأحداث، ولكن لامار غيّرها لمدينة قاحلة صحراء لا يعيش فيها أحد وسماها أستن وجعلها العاصمة وقد تغيرت عاصمة تكساس عدة مرات ولكن حاليًا أستن هي العاصمة الحالية، وكان لامار يهدف بذلك لتعمير الصحراء وتوسيع الرقعة وزيادة عدد السكان (يا ترى حد سامعني هناك في مصر؟!).

واستمرت محاولات إنقاذ الاقتصاد لمدة ٩ سنوات هي سنوات جمهورية تكساس، وخلال تلك السنوات التسع كان هناك عدة رؤساء مختلفين لتكساس، وقد رأى آخرهم أنه لا فرار من فكرة هيوستن للانضمام لحكومة أمريكا الفيدرالية وعزاؤهم الوحيد أنها ديمقراطية، وأدار هيوستن عملية الانضمام مع الرئيس المنتخب ولكن شروط تكساس كانت عجيبة.. فهي الولاية الوحيدة التي تستطيع الانفصال عن أمريكا في أي وقت ودون سابق إنذار أو تفسير، وهي الولاية الوحيدة التي يُوضَع علمها بجانب علم أمريكا وعلى نفس مستواه، وهي الوحيدة التي مبنى الكونجرس الخاص بها أعلى من مبنى الكونجرس بواشنطن والذي تحول حاليًا لمتحف أيضًا.

234

وبالفعل انضمت تكساس بعد موافقة الكونجرس الأمريكي بواشنطن، وأصبحت ولاية أمريكية وبعد تهديدات مباشرة من هيوستن باستعدادهم الانضمام لإنجلترا وأن يصبحوا مستعمرة إنجليزية تهدد أمريكا من الجنوب.

وأيضًا ما حسبه هيوستن قد كان، فهجم المكسيكيون مرة أخرى على تكساس بعدما أصبحت ولاية أمريكية، وانتصر المكسيكيون على الأمريكيين في عدة جولات، مما جعل أمريكا تعلن الحرب رسميًا على المكسيك وجهزت جيشًا قويًا وهجمت على المكسيك واكتسحت حتى وصلت نيومكسيكو واحتلتها ثم تركتها بعد تعيين حكومة هزيلة موالية لأمريكا ولم تقم للمكسيك قائمة من بعدها.

ثم يجيء الجزء الخاص بإبراهام لنكولن حيث ألغى العبودية، فخرجت نحو ٩ ولايات من تحت حكم لنكولن اعتراضًا على ذلك وطبعًا تكساس كانت منها حيث إنها كانت ولاية عبيد أصلاً!!

وقامت الحرب الأهلية وقُتل لنكولن وانتهت الحرب وتحرر العبيد.

وجزء العبيد كان موجعًا مؤسفًا حيث أفلام تسجيلية قصيرة يتحدثون فيها عما يعانونه وقراءة أجزاء من مذكرات العبيد التي وجدت هناك.

وتحدث هذا الجزء أيضًا عن كيفية صدور تشريعات مخصوصة لتكساس ليسمحوا للعبيد بأن يتعلموا ويكونوا أعضاء بالبرلمان وغيره.

وعلى الرغم من كل ذلك، لم يغيّر البيض من معاملة السود والفرقة حيث جعلوا لهم مستعمرات وعدم الاختلاط حتى في وسائل المواصلات وغيره من الأشياء المؤسفة التي جعلتني أتعجب كيف تتقدم مثل هذه الدول وبها مثل هذه الأفكار المخجلة المشينة؟!

والدور الثالث يتحدث عن تكساس الحديثة حيث بدأ اكتشاف البترول وكيف اغتنت تكساس بفحش، وكان ذلك قبل اكتشاف البترول في الدول العربية، فكانت أعلى إنتاجية بترول في العالم هي إنتاجية تكساس، ثم بدأوا بعلوم الفضاء ومدينة ناسا للفضاء وقدر التقدم في مختلف العلوم التي تبتنه سياسة تكساس وأحاديث تفصيلية عن فضل تكساس على العالم من تقدم واكتشافات وعلى اقتصاد أمريكا بالطبع، فهي الولاية الوحيدة التي لديها اكتفاء ذاتي من كل شيء!!

ولكن لا تفرح وتظن أن تكساس جنة الله في الأرض، فهي من أسوأ مناطق العالم في الأحوال الجوية وكل عدة سنوات مناطق يضربها الجفاف وأخرى يدفنها الجليد وأخرى تردمها الرمال والمناطق التي على المحيط تضربها الأعاصير، ولكن عجبًا.. لديهم طرق سريعة مذهلة في البناء واسترجاع كل شيء كأن شيئًا لم يكن؟!

نذهب لمقهى المتحف لشراء شيء نشربه، فنجد شاي تكساس المثلج

الذي يعلنون عنه، فنقرر أن نجربه، فنجد مكتوبًا من الخلف: منتج تكساس وليس منتجًا أمريكيًا!

Product of Texas

فنتعجب وحين نقرأ ما عليه، تجده إنتاج مزرعة ألمانية بتكساس، وهذا الشاي ما يميزه مجرد إضافة عسل نحل على الشاي مثلما تفعل المزرعة التي تحمل نفس الاسم في ألمانيا!!

خرجنا من المتحف وظل سؤال يحيرني: لماذا منعوا التصوير في المتاحف.. أهو لتلك الحال المتهشمة للهنود الحمر التي في الدور الأول، أم لتلك الوريقات التي عليها الاتفاقات ورسائل هيوستن ولامار في الدور الثاني.. أم لبعض التماثيل الحديثة والصور لآبار البترول والفضاء التي بالدور الثالث؟

نخرج من المتحف لنذهب لنرى فسحة النهر التي يُؤكد علينا كل من يرانا أن نجربها..

فلا نجد نهرًا.. مجرد ترعة ولكن مبني حولها كباري وعلى الجانبين اصطفت المطاعم والمحلات ويمر بها المركب النهري يقوده سائقون يرتدون الملابس المكسيكية المطرزة وتدفع ١٥ دولارًا للفرد مقلدين فينيسيا، فرفضنا الركوب وقررنا أنه عند العودة لمصر إن شاء الله في أقرب فرصة أن نأخذ ابنتنا في رحلة نيلية مطولة حتى تعرف معنى النهر ونريها الترع أيضًا حتى لا يضحك

عليها أحد بالدعاية على هذا النحو.

* * *

في النهاية أحب أن أعيد بعض النقاط:

١- يا ريت بتوع الدستور أولاً يقروا الجزء الخاص بإنشاء الدولة وكيف أن بعض رعاة البقر في الصحراء أنشأوا دولة من عدم لأن «أ ب» ديمقراطية معروفة ولا تحتاج لكل ما تم في مصر، في أقل من عدة أشهر كان عندهم رئيس وبرلمان وتشريعات وكونجرس وتفرغت الدولة بالكامل للاستثمار وحل معضلات الاقتصاد.

٢- يا ريت بتوع الإغراق الوطني واللاحوار يقروا الجزء الخاص بالمشاحنات التي كانت بين هيوستن ولامار وكيفية إيجاد حلول وسطية تنقذ الدولة؛ لأن الإخلاص كان للدولة وليس للأشخاص أو لإثبات أني صحيح والآخر على خطأ، مشكلاتنا أعظم من هذه التفاهة.

٣- يا ريت بتوع السياحة والآثار في مصر يقروا الجزء الخاص بحماية الآثار ومنع التصوير والإعلانات والترويج عن شاي طلع أصلاً ألماني ورحلة نهرية يتم الاستثمار بها بملايين الدولارات، صراحةً: دائمًا كلما زرت أي مزار سياحي في أي دولة أخرج منه أسب وزراء السياحة والإعلام والآثار في مصر على غبائهم وجهلهم وعدم استغلالهم لما في مصر، وكلما تذكرت حادثة

ضرب المجاري لمخازن المتحف المصري يبقى نفسي أمسك الـوزرا دول وأعلقهـم على باب زويلة زي ما كان بيتعمل زمان!!

ما الذي يمنع أن تقوم شركة بعمل مركبات نهرية على شـكل فرعـوني وتعيين سائقين لها بملابس فرعونية ونذيع ذلك في كل أنحاء العالم؟

ما الذي يمنع أن نقوم بعمل مـشروع يـسمى اليـوم الفرعـوني في مـصر، ونقوم ببيع ملابس محلية مزخرفة على شكل الملابس الفرعونية وتزويق وجوه السياح وجعلها قضاء يـوم في متحـف الكرنـك مـثلا يقومـون فيـه بأكـل الفـول والبصل (الفراعنة كانوا يأكلون هذا الأكـل) ومـنعهم مـن التـصوير حيـث يقـوم مصورون مصريون بتصويرهم وبيع كل ذلك بمبالغ مربحة وزيادة الدخل.

للعلم في أي مزار في أمريكا يصورونك قبل الدخول ثم يركبون الخلفيـة وعند خروجك من المزار تشتري تلك الصورة بمبالغ مبالغ فيها قد تـصل إلى ٤٥ دولارا في بعض الأحيان، طبعا لك مطلق الحرية في عدم شرائها ولكـن في أغلـب الأحيان تكـون مركبـة بحرفيـة عاليـة تجعلـك تـشتريها وتـدفع وتـشعر أنـك محظوظ فأنت لم تكن لتحصل علـى مثـل هـذه الـصورة مهمـا بلـغ احترافـك في التصوير.

يجب تشريع حماية الآثار مـن الحفـر عليهـا والجمـل الـشهيرة الـتي تحفر عليها مثل: للذكرى الهباب وأيام العذاب.. وفلان يحب فلانة... وغيره

239

من الجمل المستفزة والإهمال..

ويجب زيادة التوعية للشعب وفتح باب التطوع للشباب لحماية الآثار إذا كانت الدولة لا تستطيع توفير مرتبات لذلك، والبديل إعطاء درجات على مثل هذه المهام مثلما يتم إعطاء درجات على النشاط الرياضي، وبذلك تزيد ثقافة الشباب فهو بالتأكيد سيتعلم ماذا يحمي وبذلك نكون زدنا من معرفته ودرجاته وانتمائه.

٤- يا ريت حد من الرئاسة يقرا الجزء الخاص بنقل العواصم لتعمير الصحراء، أظن مفيش صحراء أفقر من تكساس! !

٥- يا ريت بتوع البناء والتنمية ومهندسي مدني يدرسوا كيفية بناء المدن وتعميرها على هذا النحو السريع المذهل الذي يتم في أمريكا وكيفية نقل هذه التكنولوجيا لمصر.

مع الأسف اكتشفت أنني فقدت القدرة على التمتع بالفسح، فكلما ذهبت إلى أي مكان ظللت أفكر هل يمكن نقل ذلك لمصر وكيف يمكن تعديل تلك لتلائم مصر! !

وفي النهاية أشعر بالاكتئاب لأنني لم أتعلم سوى العلم للعلم والكتابة للتوثيق وتمنيت لو أعلم طرق الاستثمار والتجارة وفتح الشركات، ولكن مثلما كان يقول والدي: لكلٍّ دوره في دورة الحياة.

بجد: نحن ليس لدينا أي حجة لنكون دولة غنية وعندها اكتفاء ذاتي؛ فقط نتوقف عن الفُرقـة ونركـز في الاسـتثمارات الحقيقيـة في الدولـة ونقـل التكنولوجيات والتقنيات المختلفة واستغلالها في مصر، نحـن لا نحتـاج إعـادة اختراع الدراجة!!

الخاتمة

بين طيّات هـذا الكتـاب قطع مـن عقـل المؤلفـة وقلبهـا، وأجـزاء مـن ذكرياتها وخيالها. فكل من يمر بحياتها يترك بـصمة بهـا ويأخـذ قطعـة مـن روحها. في كثير من الأحيان يختلط واقعها بخيالهـا، ويخـتلط أبطـال قصصها بشخصيات في حياتها، وماضيها بأحلامها، فلا داعي أن ترهق نفـسك لتعـرف ما هي الأجزاء الحقيقية والأجزاء التي من نسج خيالها. اعتبرها صـفحات مـن عقلها تـود لـو أن تـضعها في زجاجـات شـفافة وتغلقهـا وتقـذف بهـا في بحـر البحور، علّ الجن الذي يسكن هذه الأفكار يتركها ويرحل.

المؤلفة

الفهرس

حكايتنا مع أولاد العم في بلاد العم سام – حكاية الصلاة

المليونير الحزين

لماذا أصبحت كالدنيا؟

نعمة الموت

كوب الكاكاو

أنا والاستقرار

بلدي والاستقرار

حياة بلا حلم

مشاعر الفرح والألم

مصر من داخل البلورة

حريق بمصر ضد حريق بأمريكا.. من يكسب؟

المودة والرحمة

أهرب

التيه

ما عنوان كتاب حياتك؟

الحب الروحاني

لقد علمت لماذا يعود المغترب عند وفاة عزيز

مصاص دماء القلوب

أحبته لدرجة أنها أحبت حبيبته!!

الزوج والخاتم

عش كأنك تموت غدًا

اسمها «أريج الجنة» ولكل من اسمه نصيب

الفرس والشلال

القبر ينادي صاحبه

نظرت لنفسها في المرآة.. فبكت

رسالة عرفان لـ«رسالة»

قصة جمهورية تكساس

الخاتمة

247